# Pour quelles **études** êtes-vous fait ?

# Pour quelles études êtes-vous fait ?

BRUNO MAGLIULO

letudiant.fr

# Sommaire

**Les informations que nous publions dans cet ouvrage sont à jour en novembre 2013. Pour les actualiser, lisez chaque mois *l'Etudiant* ou consultez le site Internet : www.letudiant.fr**

# Introduction

D'un côté, près de 670 000 élèves qui, chaque année, fréquentent une classe de terminale et doivent pour la plupart se préparer à demander une ou plusieurs formations supérieures. De l'autre, des milliers d'établissements et des dizaines de milliers de formations d'enseignement supérieur rien qu'en France. Bien plus encore si nous prenons en compte l'offre de formation à l'étranger, notamment en Europe, de plus en plus souvent demandée par les lycéens et étudiants français.

## L'ANNÉE DES GRANDES DÉCISIONS

Dans la scolarité d'un élève, la classe de terminale correspond au moment le plus important de son orientation. Pour certains, c'est déjà le passage vers le monde du travail (c'est le choix de 72 % des bacheliers professionnels et de 15 % des bacheliers technologiques). Pour d'autres, largement majoritaires (presque tous les élèves de terminale générale, 85 % des bacheliers technologiques et 23 % des bacheliers professionnels), c'est l'entrée dans ce qui va constituer la dernière étape de leurs années scolaires.

En ligne de mire, ils ont près d'un demi-siècle de vie active. Celle-ci peut venir très vite s'ils ont choisi de faire des études supérieures professionnelles courtes, en deux ans par exemple, ou sera plus lointaine puisqu'il est possible de se former en trois, quatre, cinq, huit ans, voire plus dans certains cas particuliers.

**Un passage anxiogène.** Pour beaucoup d'entre vous, ce passage vers l'enseignement supérieur est plus ou moins anxiogène. Chacun comprend que l'enjeu est fort important : quel peut être votre avenir ? Allez-vous correctement vous orienter ? Comment, si vous êtes dans le vague, choisir la ou les filières (on vous proposera généralement d'en choisir plusieurs par ordre de préférence) dans laquelle ou lesquelles vous avez les meilleures chances d'être admis, sachant que de nombreuses filières d'enseignement supérieur sélectionnent à l'entrée ? Comment ensuite y réussir ? Etc.

Autant de questions auxquelles il est souvent difficile de répondre. Et cela alors même qu'on se rapproche des dates limites au-delà desquelles on ne peut plus se permettre de rester dans l'indécision. Comment, d'ailleurs, pourrait-il en être autrement? On vous demande de vous projeter à long terme (à bac+5 et parfois jusqu'à bac+8, voire plus), puisque le projet que vous devrez élaborer va jusqu'à sa dimension professionnelle, alors que, pour la plupart, vous n'êtes pas en état de le faire. Il est normal qu'un choix qui marque une étape aussi décisive de votre vie soit très difficile à exprimer.

Comme le résume Michel, élève de terminale ES à Épinal : « Comment pourrais-je me définir en termes de projet professionnel dans cinq ou six ans, alors que je ne sais même pas quelles études supérieures je vais choisir de faire à la prochaine rentrée ? »

**De la nécessité de sortir de l'indécision...** Cet exercice est d'autant plus difficile qu'il s'adresse à des adolescents qui sont à un âge où les personnalités, les envies, les rejets ou les valeurs sont encore loin d'être stabilisés. Ne pas savoir quelles études supérieures on veut faire n'a donc rien de pathologique. En revanche, il est anormal de ne pas s'efforcer de sortir de cette situation d'indécision, ne serait-ce que parce qu'il arrivera un moment dans l'année de classe de terminale où l'expression des choix devient obligatoire, et donc où le doute n'est plus permis.

D'après une étude, réalisée en 2012 auprès d'un échantillon représentatif d'élèves de diverses classes de terminales, à l'approche du premier conseil de classe (vers la mi-novembre), 61 % des élèves sont encore indécis en ce qui concerne le choix de leur filière d'études supérieures. Ce chiffre atteint même 68 % chez les élèves des classes terminales générales (L, ES et S). Ensuite, tout au long de l'année scolaire, l'indécision va en régressant : ils sont encore 33 % (40 % des élèves de l'enseignement général) à être dans cette situation à l'approche du deuxième conseil de classe, et 15 % en mars. Il est donc clair que le travail d'élaboration du projet d'orientation donne pour la plupart de bons résultats. Mais il est également vrai que pour une minorité importante d'élèves (un sur cinq), l'indécision règne toujours au moment où ils sont contraints d'exprimer leurs vœux d'orientation. C'est évidemment pour ceux-là que la situation risque d'être grave.

**... sans perdre de temps.** Ne pas savoir pour quelles études supérieures on est fait (ou n'en avoir qu'une idée très vague, voire changeante) est donc un état fréquent, qui caractérise la majorité des élèves de terminale, surtout en début d'année scolaire. Il est absolument nécessaire de sortir de cet état d'indécision et il faut le faire assez rapidement car le calendrier de l'orientation vous impose de prendre des décisions bien avant le bac. Savez-vous que, pour certaines études (les écoles paramédicales et sociales, par exemple), vous devez obligatoirement vous inscrire avant les vacances de Noël ? Qu'ensuite, de décembre à avril, les registres d'inscription dans les divers établissements d'enseignement supérieur sont ouverts jusqu'à des dates qui ne vous laissent en réalité que quelques mois (de deux à cinq au maximum) pour vous décider ?

Autant il est compréhensible qu'un élève entre en terminale en étant peu capable, voire incapable de dire quels seront ses choix pour l'après-bac, autant il ne peut se permettre de demeurer longtemps dans cette indécision. Sauf à ce que ses études soient choisies par d'autres (ses parents, ses professeurs, un conseiller d'orientation...), ou pire, qu'il accepte de jouer son devenir à pile ou face, il va falloir que l'année de terminale (et tout particulièrement la période allant de septembre à mars) soit, en plus de la nécessaire préparation du bac, l'objet d'un travail sérieux sur le projet d'orientation. Comme le fait remarquer Christine, conseillère d'orientation-psychologue à Paris : « On a le droit d'être hésitant en matière d'orientation, mais pas celui de ne pas travailler pour trouver son chemin. »

## ADMISSION POSTBAC

Depuis 2009, l'ensemble des candidats à l'admission en première année de l'enseignement supérieur (y compris les lycéens scolarisés dans les établissements français de l'étranger, ou ayant pris la décision de s'accorder une « année sabbatique » avant d'entrer dans l'enseignement supérieur), doivent exprimer leurs vœux d'orientation sur un site national unique : www.admission-postbac.fr (familièrement appelé « APB »). Cette opération obligatoire est délicate car elle consiste à demander aux lycéens d'introduire leurs vœux d'orientation classés par ordre de préférence, relativement tôt dans l'année scolaire puisque durant une période allant de la mi-janvier à la mi-mars (ils disposent ensuite d'environ deux mois et demi pour éventuellement modifier le classement de leur liste, mais sans aucune possibilité de modifier cette dernière). Concrètement, cela veut dire que chaque élève candidat à l'admission en première année de l'enseignement supérieur doit être au clair avec son projet d'orientation tôt dans l'année scolaire de terminale, au plus tard vers la mi-mars, auparavant de préférence.

Être au clair, cela signifie être capable de répondre à la question : « pour quelles études êtes-vous fait ? ». En effet, il faudra bien qu'avant le moment où vous vous connecterez sur APB pour exprimer vos vœux classés par ordre de préférence, vous ayez sérieusement fait un travail préalable d'élaboration de votre projet d'orientation. Pour quel(s) métier(s) (ou secteur d'activité) êtes-vous fait ? Privilégiez-vous des études supérieures courtes ou longues ? Préférerez-vous qu'elles soient bien encadrées ou qu'elles vous offrent une large marge d'autonomie ? Avez-vous la volonté d'intégrer des études immédiatement professionnelles ou souhaitez-vous commencer par un premier cycle général afin de reculer de deux ou trois ans le moment du choix d'une spécialisation professionnelle ? Votre profil vous prédispose-t-il pour faire des études supérieures professionnelles par l'alternance ou vaut-il mieux que vous les fassiez sous statut étudiant ? Êtes-vous tenté par l'idée de partir faire tout ou partie de vos études à l'étranger, et avez-vous le profil pour cela ? Etc.

Ces questions, et plusieurs autres, il faudra bien vous les poser, et surtout, travailler pour trouver vos réponses, car elles constituent une sorte de passage obligé préalable à votre connexion sur le portail APB. On ne le dira jamais assez : APB n'est pas véritablement un instrument d'aide à l'élaboration de son choix d'études supérieures, mais un système de recensement de vos vœux. Avant de vous connecter pour faire connaître ces derniers (sur lesquels vous ne pourrez plus revenir après la mi-mars), vous devez faire un très important travail d'élaboration de votre projet d'orientation scolaire et professionnelle. Le but de ce livre est de vous y aider !

## VOS OBLIGATIONS EN MATIÈRE D'ORIENTATION

Tout élève qui entre en classe de terminale doit se préparer à élaborer un projet personnel d'orientation. C'est une absolue nécessité compte tenu des contraintes de calendrier et de la procédure APB que nous venons d'évoquer. Nous y reviendrons plus en détails dans la quatrième partie de cet ouvrage.

**Ne pas attendre la classe de terminale.** Entamer dès la classe de première le nécessaire travail d'élaboration du projet personnel d'orientation est une bonne chose. Cela consiste à lire divers documents, visiter un ou deux salons de l'orientation, avoir une première discussion sur ce point avec un conseiller d'orientation et son professeur principal, etc. Pour ceux qui n'auraient pas suivi ce conseil en temps utile, il n'est heureusement pas trop tard pour faire cette démarche, mais le plus tôt sera le mieux !

Ne pas trop tarder est d'autant plus nécessaire que le projet d'orientation d'un élève renvoie à des aspects nombreux et complexes : son profil scolaire, mais aussi sa personnalité, l'amorce d'un projet professionnel, l'offre de formation supérieure, les moyens de financement si on se prépare à frapper à la porte d'une formation privée, etc. Voilà pourquoi on a coutume de dire que le projet personnel d'orientation doit reposer sur trois grands piliers :
– la connaissance de soi ;
– la découverte des milieux professionnels vers lesquels le futur jeune diplômé pourrait se diriger à l'issue de ses études supérieures ;
– la découverte des diverses voies d'études qui permettent d'y accéder.

**Élaborez votre projet par étapes.** Pour vous aider à bien élaborer votre projet d'orientation, nous vous proposons une démarche progressive reposant essentiellement sur des questionnaires et tests auxquels nous vous invitons à répondre. Cette démarche est à la fois ludique et rigoureuse puisque ces questionnaires et tests ont été spécialement conçus avec des professionnels du conseil en matière d'orientation. Elle va vous permettre de partir à la découverte de votre personnalité, de votre projet professionnel et de votre projet d'études supérieures.

• **Votre personnalité.** Nous évoquons à cette occasion le célèbre précepte du philosophe antique Socrate – « Connais-toi toi-même ! » –, qui considérait qu'avant de partir à la découverte de ce qui l'entoure (l'environnement, le monde, l'avenir...), tout homme doit commencer par partir à la découverte de lui-même (son « moi profond », disent les « psys » d'aujourd'hui).

L'idée, toute simple en vérité, est qu'en matière d'orientation, avant de savoir pour quelles études vous êtes fait, il faut commencer par savoir de quoi vous êtes fait, qui vous êtes.

• **Votre projet professionnel.** C'est là une question cruciale pour vous. Comment bien choisir sa voie d'études supérieures si on ne sait pas à quels secteurs professionnels on souhaite se préparer ? Nous ne prétendons certes pas vous amener par un simple test, aussi sophistiqué soit-il, à la découverte du métier auquel vous allez vous préparer. Ce degré de précision est une quête possible (certains élèves de terminale savent qu'ils désirent devenir médecin, architecte, ingénieur ou professeur des écoles) mais non exigible pour tous, compte tenu de votre âge et de votre niveau de scolarité. Nous nous contenterons donc de vous permettre de découvrir pour quel(s) grand(s) secteur(s) d'activité vous êtes fait.

• **Votre projet d'études supérieures.** Nous vous proposerons ensuite de vous soumettre à un test qui devrait vous permettre de voir pour quelle grande voie d'études supérieures vous êtes plus particulièrement fait : à l'université, en classe préparatoire, en grande école à recrutement niveau baccalauréat, en IUT/STS ou école spécialisée ? Il conviendra ensuite de vous aider à affiner votre projet. Si vous êtes plutôt fait pour une classe préparatoire, laquelle ? Une licence universitaire, laquelle ? Quelle spécialité de BTS ou de DUT ? Une école, mais préparant à quel secteur d'activité ?... Pour cela, nous vous proposons de croiser votre profil scolaire (le bac que vous préparez, les options et enseignements de spécialité que vous avez choisis, les résultats que vous obtenez...) avec le résultat du test précédemment évoqué.

## SOYEZ ACTEUR DE VOTRE ORIENTATION

L'objectif de cette série d'exercices est de vous permettre de vous orienter positivement. Ne pensez-vous pas que rien n'est plus détestable que d'être orienté, c'est-à-dire de se retrouver dans une situation où l'on délègue aux autres (les professeurs, conseillers d'orientation, parents, etc.) le soin de choisir, plutôt que de décider soi-même ? Notre but : vous permettre de vous approprier le problème du choix de votre filière d'études supérieures.

Ce qui se joue sur cette « scène » c'est de vous préparer à une cinquantaine d'années de vie active, avec toutes les conséquences que cela entraînera sur votre vie personnelle. Vous devez donc être véritablement acteur, et non simple spectateur, de votre orientation.

Nous avons en effet la conviction qu'il y a dans les lycées, parmi les élèves, un énorme gisement de talents, parfois méconnus, qui ne demande qu'à être mieux exploité. L'école dit surtout ce qui ne va pas dans la scolarité des élèves qu'on lui confie. Par voie de conséquence, en matière d'orientation, elle dit pour quelles études l'élève n'est pas fait. Et si on renversait l'ordre des choses ainsi imposé en partant de l'individu, de chaque élève pris comme un cas particulier, porteur de talents qui ne demandent qu'à s'exprimer ? Notre but est de rendre positive la démarche d'orientation. C'est-à-dire de conduire chacun à trouver la voie d'études pour laquelle il est véritablement fait. Celle dans laquelle il va pouvoir se faire admettre, puis réussir…

*Bruno Magliulo,*
animateur du blog de l'orientation :
http://conseilsdeclasse.letudiant.fr

PARTIE 1

# À la découverte de votre personnalité

[S]ocrate, ce grand philosophe de l'antiquité, est l'auteur d'un très célèbre précepte : « Connais-toi toi-même ! ». Son intitulé complet est moins connu : « Connais-toi toi-même et tu connaîtras l'univers et les dieux ! ». En d'autres termes, celle ou celui qui, par un travail sur soi, a appris à bien se connaître et à s'assumer fera, tout au long de sa vie (donc y compris durant sa vie scolaire) des choix lucides et porteurs d'un maximum de chances de réussite.

Pour cela, nous vous proposons une double démarche : découvrir avec nous quelques grands principes, puis commencer concrètement votre travail d'élaboration de votre projet d'études supérieures en répondant à quelques questionnaires qui devraient vous permettre de mieux appréhender votre personnalité.

## Sommaire

# « Deviens ce que tu es ! »

Bien choisir, c'est faire en sorte d'adapter la ou les cibles que vous projetez d'atteindre (diplômes, qualification professionnelle, secteur d'activité, métier précis…) à ce que vous êtes. Il ne suffit donc pas d'avoir une connaissance pointue du système d'enseignement supérieur et des filières susceptibles de vous intéresser. Une telle connaissance est certes fort utile, mais ne suffit pas. Il faut en plus bien vous connaître, et donc appliquer le précepte d'un autre grand philosophe, Pindare : « Deviens ce que tu es ! » Traduction dans le domaine de l'orientation : choisissez avant tout les études pour lesquelles vous êtes fait, pour lesquelles vous avez le profil. Pour cela, il faut commencer par travailler sur soi afin de bien se connaître.

## DÉCRYPTEZ VOTRE PERSONNALITÉ

Travailler sur soi pour bien se connaître, c'est en quelque sorte faire un bilan de type « actif/passif » sur chacun des grands éléments constitutifs de votre parcours scolaire, de vos expériences et de votre personnalité.

• **Mon bilan scolaire :** « Quel bac est-ce que je prépare, avec quels enseignements optionnels ? », « Quelles sont les disciplines que j'aime ou que je n'aime pas, dans lesquelles je réussis ou pas ? », « Est-ce que je me sens mieux dans des classes à petits effectifs et bien encadrées, ou ai-je la capacité de m'organiser avec des effectifs plus importants et lorsqu'on me délègue largement le soin d'organiser mon travail scolaire par moi-même ? », etc.

• **Mes expériences :** à partir de mes diverses activités, je dois m'efforcer de repérer mes compétences, ce que j'aime ou n'aime pas faire, si je me sens mieux en situation individuelle ou en groupe, etc.

• **Ma personnalité :** « Est-ce que je suis d'un tempérament "leader" ou plutôt "suiviste" ? », « Quels sont mes qualités et défauts ? », « Dans quelles situations suis-je à l'aise ou mal à l'aise ? », « Qu'est-ce qui me motive ou me démotive ? », etc.

• **Mes attentes :** « Suis-je d'ores et déjà attiré par un secteur professionnel, voire un métier, et si oui, lequel ? », « Est-ce que je suis à la recherche d'un équilibre entre travail et loisir, ou suis-je prêt à sacrifier mes loisirs et une importante partie de ma vie privée au profit d'une grande réussite professionnelle ? », etc.

Toutes ces interrogations sont importantes. Vous efforcer d'y répondre (de préférence en vous faisant aider par des spécialistes : conseillers d'orientation, psychologues...) est fondamental pour bien élaborer votre projet d'orientation. Il faut cependant que ce travail sur vous se fasse sans aucune complaisance, que vous acceptiez de vous regarder tel que vous êtes.

Ainsi, par exemple, il peut être utile d'être conscient que vous n'avez guère de dispositions pour les études abstraites, que vous avez besoin d'être bien encadré pour travailler, que vous ne souhaitez pas vous engager dans des études qui vous demanderont au minimum cinq années après le bac, et que l'idée de travailler plus tard dans le secteur commercial vous intéresse... Ce quadruple constat pourrait vous conduire à envisager d'aller vers une filière professionnelle courte de type BTS/DUT commerce. Autre exemple : si vous préparez un bac S, que vous avez de bons résultats dans les matières scientifiques et qu'en outre vous aimeriez plus tard faire un métier où vous vous occuperiez des animaux, vous pourriez envisager de demander à entrer dans une classe préparatoire aux écoles nationales vétérinaires.

## UNE DÉMARCHE PROGRESSIVE

Un tel travail sur soi est de nature à permettre de faire des choix lucides, donc d'éviter de se lancer dans des projets que l'on n'aurait aucune chance de réaliser faute d'avoir le bon profil pour y parvenir. Savoir, par exemple, qu'avec votre futur bac ES et votre piètre niveau en mathématiques vous ne pourrez pas réaliser votre projet de devenir médecin devrait être de nature à vous conduire à faire le deuil d'un tel projet et à en envisager un autre, plus conforme à ce que vous êtes, pour lequel vous serez nettement plus apte à réussir. Autre exemple : savoir que vous ne supportez pas le manque d'encadrement pédagogique, que vous avez besoin pour vous motiver au travail d'être « suivi de près », que vous refusez l'idée de devoir apprendre au sein de groupes composés de plusieurs centaines d'étudiants... devrait vous conduire à écarter toute idée d'entrer en première année d'université et à privilégier des filières de type classe préparatoire, école, IUT/STS...

Bien entendu, il ne faut pas perdre de vue le fait qu'à 18 ou 19 ans, rien n'est définitivement acquis. La démarche que nous vous proposons ne doit pas conduire à vous enfermer dans un déterminisme strict. Le but n'est pas, partant d'une situation de grand flou quant à votre devenir scolaire et professionnel, d'aboutir à une réponse du type : « Vous allez entrer en première année de médecine et vous efforcer de devenir chirurgien. » Ce que nous vous proposons, c'est de découvrir, par une démarche progressive, les grands champs d'activité professionnelle et les divers types d'études supérieures qui vous permettraient de vous y préparer, à charge pour vous de faire ensuite des choix plus précis. À un moment ou à un autre, il faudra bien que vous assumiez votre part de responsabilité. Et partez d'un principe : l'orientation n'est pas une science exacte. La démarche que nous vous proposons n'a pas pour prétention de vous conduire à « la » bonne réponse, qui serait unique, mais de réduire autant que faire se peut l'incertitude en la matière.

## DES QUESTIONNAIRES POUR MIEUX VOUS CONNAÎTRE

À 18 ou 19 ans, vous avez tendance à penser que tout en vous et pour vous reste à construire. Nous avons très souvent été confrontés à des lycéens auxquels nous proposions la démarche qui va suivre, et qui *a priori* nous disaient ne pas voir ce qu'ils allaient bien pouvoir nous répondre ; « n'ayant que fort peu vécu », arguaient-ils. Nous connaissons bien ce regard minimaliste que nombre d'adolescents portent sur eux-mêmes. Sachez qu'en réalité, vous êtes sans aucun doute porteur d'éléments de personnalité qui se sont progressivement inscrits en vous, au fil de vos diverses expériences (qui peut se targuer de n'en avoir vécu aucune ?). En d'autres termes, vous avez commencé à façonner, consciemment et inconsciemment, votre « moi profond ». Nous vous proposons de partir de là, car le héros de l'histoire, c'est vous !

# Questionnaire n° 1 : travaillez sur vos expériences

En fonction de ce que vous vivez, des situations que vous avez rencontrées, vous réagissez d'une façon qui vous est propre. Petit à petit, vous développez une « grille de lecture » du monde qui vous est personnelle et vous permet d'avoir vos points de vue sur diverses choses. Il est donc très important de partir à la découverte de ce que vos expériences vous ont apporté.

Votre capital « expérience » se construit et s'enrichit à travers les très nombreuses activités que vous réalisez (ou avez réalisées) quotidiennement, de façon plus ou moins continue. Aussi, nous vous invitons à faire un petit travail pratique et simple qui consiste à répondre au questionnaire qui suit.

Concentrez-vous sur celles de vos activités qui ont un certain caractère de régularité, et une certaine importance à vos yeux. Inutile par exemple d'écrire, à la rubrique « Ce que je fais quand je suis seul à la maison », « le ménage de ma chambre », si vous ne le faites qu'exceptionnellement, mais écrivez-le si c'est pour vous une démarche assez habituelle. Si vous jouez dans un groupe rock amateur que vous avez monté avec quelques amis, signalez-le à la rubrique « Ce que je fais avec mes ami(e)s » ; mais si vous apprenez à jouer de la guitare dans un conservatoire de musique, ou militez dans le cadre d'un parti politique, inscrivez-le à la rubrique « Ce que je fais comme activités associatives/culturelles ».

**Ce que je fais quand je suis seul(e) à la maison :**

.......................................................................................

.......................................................................................

.......................................................................................

.......................................................................................

.......................................................................................

..........................................................................................

..........................................................................................

..........................................................................................

................................................................

**Ce que je fais quand je suis en famille :**

..........................................................................................

..........................................................................................

..........................................................................................

..........................................................................................

..........................................................................................

..........................................................................................

..........................................................................................

..........................................................................................

................................................................

**Ce que je fais quand je suis hors de chez moi avec des ami(e)s :**

..........................................................................................

..........................................................................................

..........................................................................................

..........................................................................................

..........................................................................................

..........................................................................................

..........................................................................................

..........................................................................................

..........................................................................

**Ce que je fais quand je suis en vacances :**

..........................................................................................

..........................................................................................

..........................................................................................

..........................................................................................

..........................................................................................

..........................................................................................

..........................................................................................

..........................................................................................

................................................................

**Mes activités sportives :**

..........................................................................................
..........................................................................................
..........................................................................................
..........................................................................................
..........................................................................................
..........................................................................................
..........................................................................................
..........................................................................

**Ce que je fais comme activités associatives/culturelles :**

..........................................................................................
..........................................................................................
..........................................................................................
..........................................................................................
..........................................................................................
..........................................................................................
..........................................................................................
................................................................

**Autres activités à signaler :**

..........................................................................................
..........................................................................................
..........................................................................................
..........................................................................................
..........................................................................................
..........................................................................................
..........................................................................................
..........................................................................

**Auto-analyse de vos principales activités.** Essayez, pour vos activités principales (retenez-en trois ou quatre particulièrement importantes à vos yeux, plus si cet exercice vous intéresse), d'analyser ce qu'elles vous apportent, ce que vous ressentez quand vous vous y adonnez, y compris si on vous force à le faire et que vous aimeriez arrêter. Par exemple, si vous faites partie d'une équipe de basket, vous pourriez évaluer cette activité à travers six types de capacités :

**1. Réflexion, imagination, prise d'initiatives :** « J'essaie de trouver de nouvelles stratégies d'attaque en regardant des matchs, en lisant des revues spécialisées, et de les faire adopter par mon entraîneur et les autres joueurs de mon équipe. »

**2. Organisation, méthode :** « J'ai organisé un match contre l'équipe d'un de mes amis à Londres, ce qui m'a conduit à chercher des financements, à participer à l'organisation du voyage, de l'hébergement… »

**3. Relations avec les autres :** « Ce sport m'apprend le sens du travail en équipe, l'esprit de solidarité, à repérer mes points forts et mes points faibles, à canaliser mes pulsions individualistes, à m'entraîner avant de jouer… »

**4. Actions concrètes, physiques, manuelles :** « Je m'entraîne deux fois deux heures par semaine, je fais en plus trois heures par semaine de jogging et deux heures de musculation, j'apprends à me montrer de plus en plus efficace dans mes lancers de balle, à anticiper les mouvements de mes partenaires et adversaires… »

**5. Culture générale :** « J'ai découvert le rôle très important que peut jouer le sport en matière d'intégration sociale. »

**6. Ce que je souhaite développer ou améliorer :** « Je voudrais devenir capitaine de mon équipe et la voir accéder en division supérieure. »

# Questionnaire n° 2 : partez à la découverte de votre « moi profond »

L'exercice auquel vous venez de vous livrer est révélateur d'une partie de votre personnalité. Mais cette approche est insuffisante, en particulier parce qu'elle repose sur le regard que vous portez sur vous-même. Votre vérité profonde ne peut être approchée de cette seule façon. Pour affiner cette analyse, il faut aussi que vous confrontiez le regard que vous portez sur vous-même avec celui que d'autres (amis, parents, professeurs…) portent sur vous.

La personnalité d'un individu, c'est l'ensemble des traits de caractère, des comportements, des valeurs… qui le constituent et le différencient des autres. Pour mieux appréhender votre personnalité, nous vous proposons une démarche simple avec la grille d'analyse qui suit. Nous vous demandons de ne pas vous contenter d'être seul à la remplir. Faites-la également remplir par certaines personnes qui vous connaissent bien : vos parents, frères ou sœurs, amis intimes, professeurs, etc.

L'idéal serait que, parmi ceux qui acceptent de se livrer à cet exercice, vous en trouviez un ou deux qui ne vous aiment pas ou peu, ou qui jettent sur vous un regard plus ou moins critique. Vous pourriez certes trouver leurs réponses désagréables, mais encore une fois, l'objectif n'est pas de se faire plaisir en se regardant tel que l'on aimerait être, mais tel que l'on est, et à cet égard, les réponses de personnes qui ne vous apprécient guère peuvent être précieuses pour vous. Et si vous avez très peur de cela, dites-vous que votre vérité est très certainement plurielle. La question n'est pas de savoir qui a tort et qui a raison. Vous pouvez par exemple manquer de confiance en vous aux yeux de votre prof de maths et en avoir beaucoup selon l'entraîneur de votre équipe de foot : cela ne signifie pas que l'un a tort et l'autre raison, mais que, selon les circonstances, vous n'êtes pas systématiquement le même.

## LA GRILLE D'ANALYSE

Pour chaque trait de personnalité considéré, cochez la case sous les signes « ++ » et « + », s'il vous caractérise beaucoup ou un peu, et « – » et « – – », s'il vous caractérise très peu ou pas du tout.

| **1. Caractéristiques générales personnelles** | **++** | **+** | **–** | **– –** |
|---|---|---|---|---|
| • sensibilité : | ☐ | ☐ | ☐ | ☐ |
| • confiance en soi : | ☐ | ☐ | ☐ | ☐ |
| • optimisme : | ☐ | ☐ | ☐ | ☐ |
| • sens de l'humour : | ☐ | ☐ | ☐ | ☐ |
| • timidité : | ☐ | ☐ | ☐ | ☐ |
| • calme : | ☐ | ☐ | ☐ | ☐ |
| • honnêteté : | ☐ | ☐ | ☐ | ☐ |
| • sens de la justice : | ☐ | ☐ | ☐ | ☐ |
| • stabilité de l'humeur : | ☐ | ☐ | ☐ | ☐ |
| • anxiété : | ☐ | ☐ | ☐ | ☐ |
| • vision réaliste des choses : | ☐ | ☐ | ☐ | ☐ |
| • émotivité : | ☐ | ☐ | ☐ | ☐ |
| • affectivité : | ☐ | ☐ | ☐ | ☐ |
| • curiosité : | ☐ | ☐ | ☐ | ☐ |
| • enthousiasme : | ☐ | ☐ | ☐ | ☐ |
| • ouverture d'esprit : | ☐ | ☐ | ☐ | ☐ |
| • fidélité : | ☐ | ☐ | ☐ | ☐ |
| • supporte la foule : | ☐ | ☐ | ☐ | ☐ |
| • s'exprime facilement : | ☐ | ☐ | ☐ | ☐ |
| • individualisme : | ☐ | ☐ | ☐ | ☐ |
| • sait écouter les autres : | ☐ | ☐ | ☐ | ☐ |
| • d'humeur rapidement changeante : | ☐ | ☐ | ☐ | ☐ |
| • capable de surmonter les échecs : | ☐ | ☐ | ☐ | ☐ |
| • se lasse vite quand « ça ne vient pas » : | ☐ | ☐ | ☐ | ☐ |

| **2. Dynamisme** | ++ | + | – | – – |
|---|---|---|---|---|
| • a de l'allant, de l'entrain : | ☐ | ☐ | ☐ | ☐ |
| • a de bonnes capacités physiques : | ☐ | ☐ | ☐ | ☐ |
| • ambitieux : | ☐ | ☐ | ☐ | ☐ |
| • puissance de travail : | ☐ | ☐ | ☐ | ☐ |
| • persévérant : | ☐ | ☐ | ☐ | ☐ |
| • s'implique dans ses actions : | ☐ | ☐ | ☐ | ☐ |
| • sait prendre des initiatives : | ☐ | ☐ | ☐ | ☐ |
| • a l'esprit de compétition : | ☐ | ☐ | ☐ | ☐ |

| **3. Autonomie** | ++ | + | – | – – |
|---|---|---|---|---|
| • besoin d'être encadré : | ☐ | ☐ | ☐ | ☐ |
| • sait travailler seul : | ☐ | ☐ | ☐ | ☐ |
| • défend bien ses idées : | ☐ | ☐ | ☐ | ☐ |
| • sens de l'organisation : | ☐ | ☐ | ☐ | ☐ |
| • aime prendre des responsabilités : | ☐ | ☐ | ☐ | ☐ |
| • capacité à prendre des décisions : | ☐ | ☐ | ☐ | ☐ |
| • a besoin de directives pour agir : | ☐ | ☐ | ☐ | ☐ |
| • capacité à prendre des initiatives : | ☐ | ☐ | ☐ | ☐ |

| **4. Style de travail** | ++ | + | – | – – |
|---|---|---|---|---|
| • capacité d'adaptation : | ☐ | ☐ | ☐ | ☐ |
| • capacité de changement : | ☐ | ☐ | ☐ | ☐ |
| • capacité de mémorisation : | ☐ | ☐ | ☐ | ☐ |
| • respect de l'horaire, des délais : | ☐ | ☐ | ☐ | ☐ |
| • fiable, digne de confiance : | ☐ | ☐ | ☐ | ☐ |
| • goût du travail bien fait : | ☐ | ☐ | ☐ | ☐ |
| • capacité à respecter les règlements : | ☐ | ☐ | ☐ | ☐ |
| • sens du travail en équipe : | ☐ | ☐ | ☐ | ☐ |
| • besoin de diversité : | ☐ | ☐ | ☐ | ☐ |
| • aime commander : | ☐ | ☐ | ☐ | ☐ |
| • ordonné : | ☐ | ☐ | ☐ | ☐ |
| • intérêt pour les détails, méticulosité : | ☐ | ☐ | ☐ | ☐ |
| • capacité à reconnaître ses erreurs : | ☐ | ☐ | ☐ | ☐ |

| | | | | |
|---|---|---|---|---|
| • réfléchit avant d'agir : | ☐ | ☐ | ☐ | ☐ |
| • performant dans des situations de stress : | ☐ | ☐ | ☐ | ☐ |
| • aime se fixer des objectifs : | ☐ | ☐ | ☐ | ☐ |
| • capacité à relever des défis : | ☐ | ☐ | ☐ | ☐ |

| **5. Type de réflexion** | ++ | + | – | – – |
|---|---|---|---|---|
| • capacité à résoudre des problèmes concrets : | ☐ | ☐ | ☐ | ☐ |
| • tendance à raisonner d'abord dans l'abstrait : | ☐ | ☐ | ☐ | ☐ |
| • intuitif : | ☐ | ☐ | ☐ | ☐ |
| • inventif, créatif : | ☐ | ☐ | ☐ | ☐ |
| • raisonne rapidement : | ☐ | ☐ | ☐ | ☐ |
| • a du mal à prendre des décisions : | ☐ | ☐ | ☐ | ☐ |
| • prend le temps de réfléchir avant d'agir : | ☐ | ☐ | ☐ | ☐ |
| • s'entoure d'avis avant de prendre une décision : | ☐ | ☐ | ☐ | ☐ |
| • possède un esprit critique : | ☐ | ☐ | ☐ | ☐ |
| • a tendance à prendre beaucoup de notes : | ☐ | ☐ | ☐ | ☐ |
| • a un esprit de synthèse : | ☐ | ☐ | ☐ | ☐ |

| **6. Capacités relationnelles** | ++ | + | – | – – |
|---|---|---|---|---|
| • sociabilité : | ☐ | ☐ | ☐ | ☐ |
| • écoute les autres : | ☐ | ☐ | ☐ | ☐ |
| • aime parler en public : | ☐ | ☐ | ☐ | ☐ |
| • aime convaincre les autres : | ☐ | ☐ | ☐ | ☐ |
| • a de la souplesse d'esprit : | ☐ | ☐ | ☐ | ☐ |
| • a du mal à contenir son agressivité : | ☐ | ☐ | ☐ | ☐ |
| • possède une autorité naturelle : | ☐ | ☐ | ☐ | ☐ |
| • aime commander les autres : | ☐ | ☐ | ☐ | ☐ |
| • respecte les autres : | ☐ | ☐ | ☐ | ☐ |
| • aime travailler en groupe : | ☐ | ☐ | ☐ | ☐ |
| • aime aider les autres : | ☐ | ☐ | ☐ | ☐ |
| • capacité d'expression orale : | ☐ | ☐ | ☐ | ☐ |
| • capacité d'expression écrite : | ☐ | ☐ | ☐ | ☐ |
| • aime apprendre les langues étrangères : | ☐ | ☐ | ☐ | ☐ |
| • va volontiers vers des inconnus : | ☐ | ☐ | ☐ | ☐ |
| • aime voyager : | ☐ | ☐ | ☐ | ☐ |

Une fois cette grille remplie (par vous et quelques autres), efforcez-vous de noter vos traits de personnalité les plus caractéristiques (à vos yeux, aux yeux des autres). Pour cela, vous pouvez ne retenir que les points forts ou les points faibles qui vous caractérisent le plus.

Vous aurez à en tenir compte pour la bonne définition de votre projet d'orientation. Par exemple, si vos réponses au point trois (autonomie) vous amènent à conclure que vous n'êtes pas du tout (– –) ou peu (–) autonome, alors vous n'êtes probablement pas fait pour entrer en première année d'une université, où vous serez noyé dans une foule d'étudiants, avec un important déficit d'encadrement et dans l'obligation de vous organiser en grande partie par vous-même. En revanche, si vous répondez que vous êtes très (++) autonome, ou que vous l'êtes relativement (+), vous pourriez aboutir à l'idée que vous avez le bon profil pour vous adapter aux études universitaires.

# Questionnaire n° 3 : dans quel tempérament vous reconnaissez-vous le plus ?

Le tempérament d'un individu, c'est sa manière prédominante et habituelle de se comporter. Nombre de chercheurs en psychologie et psychiatrie se sont efforcés de réaliser des typologies. Après lecture de plusieurs ouvrages spécialisés, nous vous proposons de distinguer quatre grands types de tempérament. Grâce au questionnaire et à la grille d'analyse qui précèdent, vous devriez aisément vous reconnaître dans l'un d'entre eux. Il se pourrait toutefois que vous vous reconnaissiez dans plusieurs d'entre eux. Cela ne doit pas vous dérouter : nous avons déjà eu l'occasion de signaler que la personnalité d'un être est un tout complexe composé de facettes multiples, parfois contradictoires les unes par rapport aux autres.

L'objectif est de vous aider à découvrir quel est votre tempérament dominant, sans rejeter pour autant l'idée qu'il puisse être tempéré par un ou deux tempéraments complémentaires. C'est la raison pour laquelle nous avons pris la précaution de vous dire précédemment qu'aucun conseiller d'orientation et/ou psychologue sérieux ne se contentera de vous recommander une formation spécialisée ou un métier unique. Il est clair que pour chacun, il existe généralement plusieurs voies d'études pour lesquelles on est fait, et sans doute plusieurs métiers à l'issue des études. Vous permettre de les repérer est notre but, à charge ensuite pour vous de prendre vos responsabilités en choisissant ce qui aura votre faveur (d'où l'obligation qui vous est faite en classe de terminale de formuler plusieurs vœux d'orientation vers l'enseignement supérieur, et de les classer par ordre de préférence).

## PRÉDOMINANCE DES IDÉES

Vous aimez la nouveauté, l'inconnu, ce qui vous est étranger : les problèmes à résoudre, les mystères ne vous font pas peur, bien au contraire.

Vous êtes en quête de vérité, la variété et le changement vous attirent. En fonction de votre personnalité, votre réflexion peut faire appel à la logique (vous êtes alors réfléchi, objectif, rigoureux, analytique, synthétique, travaillez à partir d'hypothèses, en vous fondant sur des abstractions, des théories…) ou à l'imagination (vous êtes peu conformiste, créatif, votre mode de pensée est plutôt analogique, inductif, associatif, voire symbolique et métaphorique). En résumé, vous aimez les jeux de l'esprit et conceptualiser.

**→ Avec un tel tempérament vous pouvez vous orienter vers les métiers (et les études supérieures qui y préparent) de la recherche, de la création, de la publicité, du marketing, du journalisme, du management des entreprises…**

## PRÉDOMINANCE DE L'ACTION

Vous aimez que les choses avancent, que les situations évoluent, que des solutions soient rapidement trouvées et mises en œuvre lorsque des problèmes se posent, qu'il sorte quelque chose de concret de toute réflexion. Vitalité, énergie, intérêt pour des tâches concrètes… sont autant de traits qui vous caractérisent. À l'aise dans le court terme et dans l'urgence, vous savez gérer les situations de stress, êtes réactif… Vous aimez qu'on évalue le degré de réussite après chaque acte et vous vous appliquez cette règle.Vous avez plutôt tendance à aimer utiliser votre corps, à affronter la matière, et vous êtes assez à l'aise dans la prise de risques, vous avez le goût du défi, de la compétition. Enfin, vous atteignez aisément les objectifs que vous vous êtes fixés.

**→ Avec ce tempérament, vous pouvez envisager des études conduisant aux métiers commerciaux, techniques, manuels, physiques et sportifs, etc.**

## PRÉDOMINANCE DU RELATIONNEL

Votre caractéristique principale est votre intérêt pour les êtres humains. Vous êtes sensible, perspicace, « psychologue »… Vous avez le sens de l'écoute et savez vous concentrer sur votre interlocuteur, ressentir ses états d'âme. Vous êtes sociable, aimez communiquer, expliquer... tout en étant souple, tolérant, respectueux, adaptable... Votre personnalité peut vous conduire à vouloir vous occuper des autres, à leur rendre service, à les éduquer, les socialiser, les aider à s'intégrer, à mieux vivre, à surmonter leurs problèmes économiques, sociaux, psychologiques, médicaux...

**→ Avec ce tempérament, vous devriez vous intéresser aux métiers (et aux formations supérieures) de l'enseignement, de l'éducation, de la santé et des soins aux personnes, sociaux, du conseil, de la gestion des ressources humaines, de la psychologie, de la diplomatie...**

## PRÉDOMINANCE DE LA MÉTHODE

Vous aimez analyser les situations, « couper les cheveux en quatre », décortiquer les situations de façon systématique... Pour cela, vous vous appuyez sur des références solides : règlements, directives, organisation... Vous savez cumuler et tirer profit des expériences passées (« on ne vous y reprend pas à deux fois »). Vous êtes méthodique, rationnel, doté d'un bon sens de l'organisation et, parfois, méticuleux. Vous aimez planifier à l'avance le déroulement des choses à faire et vous êtes plus à l'aise dans le moyen et le long termes que dans le court terme. Avant de vous lancer dans quelque chose, vous aimez que les règles du jeu soient claires et partagées. L'imprévu et l'urgence vous dérangent. Vos traits de personnalité peuvent vous conduire vers le traitement d'informations quantitatives, la conduite d'études économiques, comptables, financières, statistiques, techniques... ou vers la mise au point de méthodes de travail, de stratégies, d'organisations...

**→ Ce tempérament devrait vous conduire à des formations aux métiers de la gestion d'entreprise ou d'administration, de la banque et de la finance, des assurances, de la logistique et des transports, de l'informatique, d'ingénieur, du commandement militaire ou encore de l'administration publique...**

# Questionnaire n° 4 : qu'est-ce qui vous motive ?

La motivation, c'est ce qui pousse à agir, donne envie de faire, d'aller plus loin… Ce peut être l'argent, l'envie de séduire, le souci de faire plaisir à ses parents… ou de leur déplaire, la volonté d'être le meilleur dans certains domaines, etc. Il est évidemment rare qu'un individu soit porteur d'une seule motivation. Sauf cas très particulier, ce qu'on appelle la motivation est généralement un ensemble de facteurs plus ou moins nombreux, constituant un tout propre à chacun, qui entre dans la composition de sa personnalité.

Connaître votre motivation est pour vous chose essentielle, ne serait-ce que parce que, si vos vœux d'orientation concernent des filières sélectives, vous serez souvent dans l'obligation de rédiger une lettre de motivation et/ou de vous soumettre à un entretien de motivation devant un jury. Mais aussi, parce qu'il est indispensable, pour bien choisir, de bien connaître ce moteur profond qui vous anime, que vous vous orientiez ou non vers une filière sélective. Ainsi, par exemple, si vous diagnostiquez que l'esprit de compétition vous freine plus qu'il ne vous stimule, vous aurez sans doute intérêt à ne pas vous orienter vers une classe préparatoire aux grandes écoles.

Pour vous aider à mieux connaître ce qui vous motive, nous vous proposons de vous soumettre au questionnaire qui suit.

## LE QUESTIONNAIRE

Pour chacune des 30 questions suivantes, deux réponses sont proposées. Vous devez cocher celle qui semble vous correspondre le plus. Répondez à toutes les questions, sans en omettre aucune : s'abstenir revient à fausser le résultat final. Dans le cas où une question vous place devant une grande hésitation, passez-la provisoirement et revenez-y ensuite : il n'est pas nécessaire de respecter l'ordre dans lequel les questions sont posées. Répondez avec sincérité et sans influence extérieure. Encore une fois, le but est de partir à la découverte de votre « moi profond ». Remplir ce type de questionnaire en étant sous l'influence de vos parents ou amis en fausserait inévitablement le résultat.

**1. En sport, l'essentiel c'est :**
a - de participer ;
b - de gagner.

**2. Votre téléphone portable tombe en panne :**
a - vous cherchez l'explication dans le livret d'utilisation remis au moment de l'achat ;
b - vous demandez à vos parents de vous en acheter un neuf.

**3. Vous êtes heureux quand :**
a - vous trouvez la bonne solution à un problème ;
b - vous êtes avec vos meilleurs amis.

**4. Vous avez peur :**
a - de ne plus être aimé par les autres ;
b - de manquer de moyens d'existence (argent, nourriture...).

**5. Vous avez une heure sans rien à faire :**
a - vous avancez dans votre travail ;
b - vous cherchez une personne à qui parler.

**6. Un secret :**
a - c'est sacré, je n'en dis rien ;
b - ça donne du pouvoir à celui qui le détient.

**7. Vous voulez un vêtement et vos parents refusent de vous l'acheter :**
a - vous vous mettez très en colère ;
b - vous vous dites qu'on ne peut pas tout avoir.

**8. Lire les journaux, regarder les infos à la télé :**
a - ça vous barbe ;
b - ça vous intéresse.

**9. Vous préférez pratiquer :**
a - les sports individuels (tennis, équitation, natation, judo...) ;
b - les sports collectifs (foot, basket, rugby, volley...).

**10. L'argent :**
a - ne fait pas le bonheur ;
b - sans, on n'est rien.

**11. Vous préféreriez :**
a - découvrir le vaccin universel contre le cancer ;
b - gagner à la Star Academy.

**12. Votre proverbe préféré :**
a - l'argent ne fait pas le bonheur ;
b - la fin justifie les moyens.

**13. Votre futur métier :**
a - chercheur ;
b - banquier.

**14. Vous trouvez un portefeuille dans la rue :**
a - vous vous efforcez de le rendre à son propriétaire ;
b - vous prenez l'argent et jetez le reste dans une poubelle.

**15. Un exposé à faire :**
a - vous le préparez et le présentez seul ;
b - vous proposez de le faire à plusieurs.

**16. L'histoire selon vous :**
a - c'est très important car, pour comprendre ce qui se passe aujourd'hui, il faut savoir ce qui s'est passé auparavant ;
b - vous préférez des cours de sciences économiques aux autres.

**17. Un enfant vient de naître :**
a - c'est l'espèce humaine qui se perpétue ;
b - c'est le fruit de l'amour entre deux personnes.

**18. Votre personnage préféré :**
a - a obtenu le prix Nobel de médecine ;
b - a battu le record du monde du 100 mètres.

**19. Ce qui vous intéresse le plus au lycée :**
a - les copains/copines ;
b - apprendre et progresser.

**20. Votre histoire d'amour se termine :**
a - pourquoi me quitte-t-il(elle) ?
b - un(e) de perdu(e), dix de retrouvé(e)s.

**21. Apprendre, c'est avant tout pour :**
a - mieux comprendre ;
b - réussir ses examens.

**22. L'aventure de votre vie :**
a - partir en Afrique pour soulager la misère des pauvres ;
b - partir dans l'espace pour explorer une planète lointaine.

**23. Pour vos prochaines vacances d'été, vous préféreriez :**
a - partir en bande pour vous faire plaisir avec des copains ;
b - aller découvrir une région que vous ne connaissez pas.

**24. Les vacances, pour vous :**
a - ça se prépare en détail à l'avance ;
b - ça demande un maximum d'improvisation et de surprises.

**25. Vous gagnez 300 000 euros au Loto :**
a - vous les placez en banque pour plus tard ;
b - vous commencez par en offrir la moitié aux gens que vous aimez.

**26. Un problème de maths à résoudre, c'est :**

a - un exercice que je n'aime pas, mais il faut en passer par là ;
b - le plaisir de chercher et trouver la solution.

**27. Les révisions en vue des épreuves du bac :**

a - seul(e) chez moi, avec mes cours et bouquins à portée de la main ;
b - avec quelques ami(e)s, chacun(e) prenant en charge la discipline dans laquelle il(elle) est bon(ne).

**28. Je ne parviens pas à trouver la solution d'un problème de mathématiques :**

a - je persévère car c'est que je n'ai pas suffisamment cherché ;
b - je paie un élève meilleur que moi pour qu'il la trouve à ma place.

**29. Lequel de ces deux jeux préférez-vous ?**

a - Les parties de cartes.
b - Les puzzles.

**30. Quel genre de livres lisez-vous le plus volontiers ?**

a - Les romans policiers.
b - Les bandes dessinées.

## L'ANALYSE DE VOS RÉSULTATS

**Pour commencer, nous allons procéder au recensement de vos 30 réponses.** Pour cela, nous vous demandons de vous servir de la grille présentée page ci-contre. Elle comprend trois types de réponses signalées par les signes ▲, ▶ ou ▼. Pour chaque réponse, vous entourez la lettre (a ou b) correspondant à la figure géométrique signalée. Par exemple, si, à la question 1, vous avez choisi la réponse « a », vous entourez la lettre a sur la ligne correspondant à la question posée, et ainsi de suite.

**Procédez ensuite au total par colonne.** Il s'agit de compter pour chacune des trois colonnes le nombre de réponses a et b, puis d'additionner le total des deux. Par exemple, si dans la colonne symbolisée par le signe ▲, vous

| Questions | Réponses | | |
|---|---|---|---|
| | ▲ | ▶ | ▼ |
| 1. | b | a | |
| 2 | b | | a |
| 3. | | b | a |
| 4. | b | a | |
| 5. | | b | a |
| 6. | b | a | |
| 7. | a | b | |
| 8. | | a | b |
| 9. | a | b | |
| 10. | a | b | |
| 11. | b | | a |
| 12. | b | a | |
| 13. | b | | a |
| 14. | b | a | |
| 15. | a | b | |
| 16. | b | | a |
| 17. | | b | a |
| 18. | b | | a |
| 19. | | a | b |
| 20. | b | | a |
| 21. | b | | a |
| 22. | | a | b |
| 23. | | a | b |
| 24. | | b | a |
| 25. | a | b | |
| 26. | a | | b |
| 27. | | b | a |
| 28. | b | | a |
| 29. | | a | b |
| 30. | | b | a |
| Total (a+b) par colonne | ▲ (a+b) = | ▶ (a+b) = | ▼ (a+b) = |

obtenez six « a » et quatre « b », vous notez le total de 10. Vous faites de même en bas des colonnes ▶ et ▼. Selon votre résultat, vous constaterez une prédominance de signes ▲, ▶ ou ▼. Ce résultat renvoie à une motivation dominante que nous vous présentons dans les pages suivantes.

## DOMINANTE DE ▲ : VOTRE MOTIVATION PRINCIPALE EST LA QUÊTE DE RÉUSSITE

Les adolescents motivés par la quête de réussite ne sont jamais aussi bien que dans l'action. Ils ont même tendance à foncer « bille en tête », en faisant quelque peu l'impasse sur la réflexion préalable. « J'agis d'abord, je ne pense qu'ensuite » pourrait être leur devise. Cette propension à l'action amène ce genre de personnes à avoir sans cesse de nombreux projets en tête : pour eux, l'avenir compte beaucoup plus que le passé, et même le présent. Parfois fébriles, ils partent volontiers « au quart de tour ».

Très sensibles à la flatterie (des enseignants, camarades de classe, parents...), ils adorent parvenir à leurs fins. Quand ils se fixent un objectif, tout en eux est tendu vers celui-ci pour l'atteindre. Doués d'une certaine force de caractère, ils ont tendance à se montrer tenaces, notamment lorsqu'ils rencontrent des obstacles. Ils ne sont pas du genre à renoncer devant la première difficulté rencontrée. Corrélativement, ayant horreur de la défaite, du manque de réussite, ils savent analyser les raisons de leur échec lorsque cela survient et s'efforcent de rebondir avec succès. Ayant en eux l'idée de se dépasser – et de dépasser les autres –, ils aiment se fixer des défis et bénéficient souvent d'une bonne capacité d'organisation qui leur permet d'y faire face.

**Loin de les paralyser, l'esprit de compétition les stimule.** Ils auraient même parfois tendance à n'avoir que peu de scrupules pour atteindre leurs objectifs. En classe, ne comptez pas sur eux pour vous laisser copier leur travail, ni pour avoir l'esprit d'équipe (sauf s'il s'agit d'une équipe d'élèves du même niveau qu'eux). Ils sont fondamentalement individualistes. En schématisant, nous dirons que leur projet est de réussir sans les autres, voire contre eux. Ils adorent avoir de l'ascendant et du pouvoir sur les autres, et ils sont convaincus que la réussite scolaire, condition de la réussite sociale et économique, est un excellent tremplin pour un bel avenir.

**Généralement bons élèves,** ils frappent souvent à la porte des grandes écoles et des classes préparatoires, éventuellement à celle des IUT (instituts universitaires de technologie) ou de certaines universités réputées. À leurs yeux, la sélection est une chose normale – et même souhaitable– car elle permet de ne laisser passer que des élèves de bon niveau, avec lesquels ils aspirent à se retrouver. Leur profil, efficace pour la réussite scolaire, pourrait cependant s'avérer être un handicap dans la vie professionnelle. En effet, l'excès d'individualisme et le manque de prise en compte du facteur humain pourraient se retourner contre eux dans des univers où les valeurs dominantes sont aussi celles du travail en équipe, de la coopération, du souci de délégation des pouvoirs et responsabilités.

## DOMINANTE DE ▶ : VOTRE MOTIVATION PRINCIPALE EST LA QUÊTE DE RELATIONNEL

Si vous êtes dans ce cas, c'est que vous aimez les autres, comme vous vous aimez lorsque vous êtes en bonne compagnie. Cela ne signifie certes pas pour autant que vous aimez tout le monde (encore que certains adolescents de ce type sont dans ce cas : ils aiment « le genre humain »), mais vous n'êtes jamais aussi bien que lorsque vous agissez dans un esprit solidaire et collectif. Vous appréciez le travail en équipe, les exposés préparés à plusieurs, les sorties en bande, la musique en orchestre ou en groupe, les discussions au cours desquelles vous refaites le monde…

**Vous aimez parler, conseiller,** être celui à qui l'on se confie volontiers. Vous êtes sensible au malheur comme au bonheur des autres. Cette ouverture vers autrui conduit à ce que de nombreuses personnes autour de vous sollicitent votre écoute attentive, vos conseils. Vous détestez les conflits, qu'ils vous soient extérieurs ou que vous les viviez personnellement. À cet égard, vous avez une certaine propension à vous situer en position d'arbitre lorsque vous constatez chez vos proches une situation conflictuelle dont ils ont du mal à sortir.

**Vous aimeriez un monde harmonieux,** débarrassé du spectre de la guerre, dans lequel les inégalités économiques et sociales sont aplanies. Généreux par nature, vous êtes pour le partage des richesses, des connaissances et recherchez en permanence l'harmonie. Vous soutenez, par la pensée ou de façon active, les grandes causes nationales et mondiales (collectes d'argent, de vêtements, de médicaments pour les populations démunies...), les organisations du type Amnesty international, Greenpeace, les Restos du cœur, Médecins sans frontières... ont votre plein assentiment. Vous seriez même capable de participer à leurs actions.

**Au lycée, cette motivation vous conduit souvent à rechercher le travail en groupe** (vous préférez le travail en travaux pratiques ou dirigés aux cours en classe entière). Vos professeurs préférés sont ceux qui organisent une pédagogie active, avec forte participation des élèves. Pour vous, un exposé digne de ce nom se prépare à plusieurs.

**L'école oui, mais il n'y a pas que ça dans la vie...** du moins dans la vôtre. Si certains d'entre vous n'investissent guère le champ du travail scolaire, nombreux sont ceux qui ne le perdent pas de vue mais qui ont aussi le souci de construire une vie équilibrée, dans laquelle le travail scolaire n'est qu'un élément parmi d'autres. À vos yeux, un équilibre entre travail scolaire et épanouissement personnel n'a rien d'impossible et est même fortement souhaitable. Aussi, vous n'êtes pas du genre à vous « défoncer » pour faire absolument partie des meilleurs élèves de votre classe et réussir brillamment vos examens finaux. Vous vous contentez d'une réussite scolaire convenable, sans plus. Avec de tels résultats, vous n'aurez guère de chance d'accéder aux meilleures grandes écoles et CPGE (classes préparatoires aux grandes écoles), mais cela n'est pas pour vous contrarier. Voilà pourquoi on vous retrouve souvent dans les cursus universitaires ou dans certaines filières de l'enseignement supérieur professionnel court, moins sélectives à l'entrée que les CPGE ou les grandes écoles à recrutement niveau bac.

## DOMINANTE DE ▼ : VOTRE MOTIVATION PRINCIPALE EST LA QUÊTE DE CONNAISSANCE

Vous aimez apprendre, chercher la chaîne logique qui permet de comprendre un phénomène ou un événement. Une guerre civile se déclenche en Syrie : pourquoi ? Les cours de la bourse s'effritent : quels sont les facteurs explicatifs de cette baisse ? Votre meilleur ami traverse une crise : vous cherchez à comprendre ce qui lui arrive pour mieux le consoler... Comprendre le monde qui vous entoure, décortiquer un phénomène scientifique, analyser le caractère des autres, ou toute autre investigation vous permettant d'appréhender le pourquoi des phénomènes, vous intéresse.

**D'esprit curieux, fréquemment méticuleux,** souvent passionné par les débats d'idées, vous êtes capable de passer des heures à discuter pour refaire le monde. Vous détestez ne pas trouver la solution d'un problème, ne pas comprendre pourquoi un objet tombe en panne, etc. Les adolescents de ce type ont souvent un esprit critique, au point qu'on le leur reproche parfois. Dans la vie sociale, ils ont fortement tendance à privilégier les activités qui leur permettent de laisser libre cours à leur goût de l'investigation : faire des recherches sur Internet, bricoler, lire des romans policiers, jouer à des jeux de stratégie, fouiller aux « puces » à la recherche d'objets particuliers, etc.

**Au lycée, cela fait généralement des bons élèves.** Apprenant avec plaisir, ils sont moins poussés par la quête de réussir, que par celle d'être porteur d'un important bagage de connaissances, dans le ou les domaines qui les intéressent. La réussite scolaire est une conséquence et non une fin en soi. Les adolescents porteurs de ce profil se retrouvent en nombre dans les études scientifiques (générales ou de technologies industrielles), mais certains choisissent de mettre en œuvre cette motivation pour approfondir leurs connaissances dans des domaines différents : sciences économiques et sociales, sciences humaines, droit, etc. Ils intègrent alors les filières universitaires, parfois une classe préparatoire. Quand leur besoin de connaissance s'exprime dans le domaine technique, cela peut conduire à des études en écoles d'ingénieurs ou dans des filières techniques ou professionnelles courtes (IUT/BTS...).

## ATTENTION : VOTRE MOTIVATION PEUT ÊTRE DOUBLE !

Parfois, le résultat du test qui précède conduit à observer la présence d'une double motivation. C'est le cas si vos résultats sont identiques ou très proches dans deux colonnes. Plus fréquemment, on constate la présence en vous d'une motivation principale – celle pour laquelle vous avez le total le plus élevé– et d'une motivation secondaire, ou plutôt complémentaire – celle qui est deuxième par ordre d'importance de vos trois totaux, et proche de la première.

Une telle situation est fréquente. Cela découle du fait que toute personnalité est complexe. Rien d'étonnant, en vérité. En ce qui concerne la dimension « motivation », il se pourrait, par exemple, que vous obteniez le résultat suivant : 13 ▲, 4 ▶ et 11 ▼. Cela signifie que votre motivation principale (la quête de réussite), s'accompagne d'une motivation secondaire (la quête de connaissance). Rien d'étonnant à cela : on peut comprendre qu'un lycéen mettre son savoir au service de sa réussite, et que l'un soit en quelque sorte le levier de l'autre. De même, un résultat du type 5 ▲, 13 ▶ et 12 ▼, donne un système de motivation dans lequel la quête du relationnel va de pair avec celle de la connaissance. Il n'y a rien là de contradictoire. Vous devez donc bien tenir compte de ce couplage de motivations qui pourrait vous animer.

Inversement, des résultats du type 4 ▲, 17 ▶ et 6 ▼ donnent le spectacle d'une personnalité au sein de laquelle le facteur de motivation largement majoritaire se suffit à lui-même, aucun des deux autres ne l'approchant significativement.

# Questionnaire n° 5 : avez-vous le sens de l'organisation ?

Un des traits de caractère les plus significatifs en matière d'orientation est la capacité à s'organiser. Selon que l'on possède ou non cette capacité, se dessinent des chemins d'études plus particulièrement recommandées et d'autres qui ne le sont pas. Ainsi, vous entendrez souvent dire que les élèves de terminale qui sont peu porteurs de cette capacité n'ont pas intérêt à entrer en première année de premier cycle licence à l'université. En effet, les études, peu encadrées, sont largement laissées à la libre initiative des étudiants (le fameux « travail autonome » sur lequel nous reviendrons plus loin) ; elles se déroulent dans des amphithéâtres très souvent bondés (on y compte jusqu'à plus de 1 000 étudiants parfois)... ce qui réduit fortement les chances de réussite d'un élève qui n'a pas le sens de l'organisation. Inversement, ce même élève trouvera une filière plus adaptée du côté des classes préparatoires, de certaines écoles, ou des BTS/DUT.

Il se pourrait que vous vous connaissiez suffisamment pour ne pas avoir besoin d'un test spécial pour savoir si vous avez ou non le sens de l'organisation. Mais si vous voulez avoir une réponse à cette question, ou tout simplement vérifier si votre perception de vous-même est bonne en ce domaine, voici un questionnaire simple que nous vous invitons à remplir.

Comme pour ceux qui précèdent, nous insistons sur la nécessité de répondre à chaque question (même lorsque vous ne vous reconnaissez dans aucune des deux réponses ; dans ce cas, choisissez celle que vous rejetez le moins), de ne donner qu'une seule réponse par question, et surtout, de le faire avec sincérité : ce que de tels questionnaires visent à révéler, c'est ce qui vous caractérise vraiment, votre vérité profonde. Il ne faut donc pas répondre en fonction de ce que vous aimeriez être (ou de ce que d'autres aimeraient que vous soyez), mais de ce que vous êtes véritablement.

## LES QUESTIONS

**1. Vous avez un agenda scolaire et vous vous en servez régulièrement :**
a - oui ;
b - non.

**2. Vos stylos, crayons, gomme, cartouches à encre... sont :**
a - bien rangés dans une trousse ou dans une poche de votre cartable ;
b - en vrac, au fond de votre cartable ou de votre sac.

**3. Chez vous, pendant une phase de travail scolaire, votre portable sonne :**
a - vous décrochez ;
b - vous ne décrochez pas : les boîtes vocales, ça n'est pas fait pour les chiens.

**4. Pour vous réveiller le matin :**
a - vos parents (ou quelqu'un d'autre) se chargent de vous réveiller ;
b - vous utilisez un portable ou un réveille-matin que vous programmez.

**5. Votre bureau, chez vous, est :**
a - plutôt bien rangé ;
b - plutôt en désordre.

**6. Vous avez tendance à perdre vos clés :**
a - oui ;
b - non.

**7. Le ménage de votre chambre :**
a - quelqu'un d'autre que vous s'en charge ;
b - c'est en grande partie vous qui le faites.

**8. Vous êtes plutôt le genre :**
a - qui, en classe, demande souvent à ses voisins un stylo, une feuille de papier, une gomme, un compas... parce que vous avez tendance à ne pas en avoir dans vos affaires ;
b - à qui ce genre de situation n'arrive que très exceptionnellement, voire jamais.

**9. Être en retard au lycée :**
a - ne vous arrive jamais ou presque jamais ;
b - vous arrive parfois ou souvent.

**10. Vous êtes chez vous en train de travailler et votre mère (ou tout autre) rentre et allume la télé :**
a - vous poursuivez votre travail ;
b - vous la rejoignez devant la télé.

**11. Un travail non ramassé et non noté demandé par un professeur :**
a - vous le faites ;
b - vous ne le faites pas.

**12. Une dissertation à faire :**
a - vous commencez par jeter pêle-mêle des idées sur le papier ;
b - vous commencez par élaborer un plan.

**13. Le centre de documentation de votre lycée, vous l'utilisez :**
a - plutôt rarement ;
b - plutôt fréquemment.

**14. Vous lisez régulièrement des journaux et revues traitant de questions d'actualité :**
a - oui ;
b - non.

**15. Être fréquemment en retard à ses rendez-vous :**
a - ce n'est pas grave ;
b - c'est inacceptable.

**16. Vos vacances préférées :**
a - partir à l'aventure, avec des ami(e)s, pour découvrir un nouveau pays ;
b - au Club Méditerranée (ou autre du même genre).

**17. Vous portez toujours une montre sur vous :**
a - oui ;
b - non.

**18. Vous vous sentez souvent débordé par votre travail scolaire :**
a - oui ;
b - non.

**19. Un trou de deux heures survient dans votre emploi du temps au lycée (par exemple, suite à la maladie d'un professeur) :**
a - vous partez faire un tour avec des ami(e)s ;
b - vous en profitez pour avancer dans votre travail scolaire.

**20. Votre prof de philo vous accorde trois journées supplémentaires pour la dissertation que vous avez à remettre lundi prochain :**
a - tant mieux, je ferai ça un peu plus tard ;
b - vous ne changez rien à ce que vous aviez prévu de faire.

**21. Un prof qui expose systématiquement le plan de ses cours au tableau :**
a - vous préférez ;
b - ça vous est égal.

**22. L'informatique :**
a - vous aimez ;
b - vous n'aimez pas.

**23. Votre maxime préférée :**
a - pas vu, pas pris ;
b - ne remets pas à demain ce que tu peux faire aujourd'hui.

**24. Vous avez du mal à résoudre un problème de mathématiques :**
a - vous demandez de l'aide à un bon élève de votre classe ;
b - vous faites ce que vous pouvez avec vos propres moyens.

**25. Une réunion sans ordre du jour ou programme :**
a - le sujet m'intéresse, j'y vais quand même ;
b - c'est n'importe quoi, je laisse tomber.

**26. Prendre des initiatives :**
a - ça n'est pas mon genre ;
b - je le fais fréquemment.

**27. Un ami se présente chez vous sans vous avoir prévenu à l'avance :**
a - vous aimez bien que vos amis viennent vous voir à l'improviste ;
b - vous lui dites que la prochaine fois, il faut qu'il prévienne.

**28. Le bac est dans deux mois :**
a - vous mettez en place un programme de révision avec calendrier, et vous vous efforcez de vous y tenir ;
b - vous révisez quand vous le pouvez, sans calendrier prévisionnel.

**29. Votre professeur d'histoire-géographie vous demande de préparer un exposé, vous préférez :**
a - qu'il vous impose un sujet ;
b - qu'il vous laisse libre de lui proposer un sujet.

**30. Pour vos études supérieures, vous préférez :**
a - une formation qui vous propose 80 % de l'horaire global en tronc commun et 20 % en options au choix de l'étudiant ;
b - une formation qui vous propose 80 % de l'horaire global en options au choix de l'étudiant et 20 % en tronc commun.

## L'ANALYSE DE VOS RÉSULTATS

Tout d'abord, utilisez le tableau présenté page suivante pour noter vos résultats. Pour chaque question (classées de 1 à 30), vous entourez le chiffre (0 ou 1) correspondant au nombre de points que votre réponse vous attribue. Par exemple, si à la première question vous choisissez la réponse a, vous entourez le chiffre 1, mais si vous répondez en choisissant la réponse b, vous entourez le chiffre 0. Vous devez procéder ainsi pour chacune des 30 questions posées (vous devez avoir répondu à chacune d'entre elles). Vous additionnez ensuite le nombre de points obtenu dans chacune des deux colonnes, puis les deux chiffres entre eux.

**Vous avez entre 21 et 30 points.** Plus organisé que vous, on meurt ! Chez vous, l'imprévu est rare. Vous vous sentez rassuré par les emplois du temps précis, les agendas bien remplis, les gens qui honorent leurs rendez-vous à la bonne heure, les professeurs qui construisent leurs cours autour de plans

| Questions | Réponses | | | |
|---|---|---|---|---|
| | a | | b | |
| 1. | 1 | | 0 | |
| 2. | 1 | | 0 | |
| 3. | 0 | | 1 | |
| 4. | 0 | | 1 | |
| 5. | 1 | | 0 | |
| 6. | 0 | | 1 | |
| 7. | 0 | | 1 | |
| 8. | 0 | | 1 | |
| 9. | 1 | | 0 | |
| 10. | 1 | | 0 | |
| 11. | 1 | | 0 | |
| 12. | 0 | | 1 | |
| 13. | 0 | | 1 | |
| 14. | 1 | | 0 | |
| 15. | 0 | | 1 | |
| 16. | 1 | | 0 | |
| 17. | 1 | | 0 | |
| 18. | 0 | | 1 | |
| 19. | 0 | | 1 | |
| 20. | 0 | | 1 | |
| 21. | 0 | | 1 | |
| 22. | 1 | | 0 | |
| 23. | 0 | | 1 | |
| 24. | 0 | | 1 | |
| 25. | 1 | | 0 | |
| 26. | 0 | | 1 | |
| 27. | 0 | | 1 | |
| 28. | 1 | | 0 | |
| 29. | 0 | | 1 | |
| 30. | 0 | | 1 | |
| **Total** | – – | + | – – | = – – |

clairs et bien exposés... Vous savez ne pas trop vous laisser distraire de vos obligations : vous n'êtes pas le genre à vous laisser aller à parler pendant une heure avec un(e) ami(e) si il(elle) vous téléphone alors que vous êtes en train de travailler. Vous n'aimez pas le désordre, pas plus que le hasard. Pour vous, les chemins bien balisés seront toujours préférables à l'avancée vers l'inconnu. Vous savez mener plusieurs actions de front et avez une bonne capacité à gérer le stress. Avoir le contrôle sur vos heures de travail, et même de vie sociale, vous convient. Vous aimez bien vous fixer des objectifs, et réfléchir à l'avance aux moyens dont vous allez disposer et à la meilleure façon de les mettre en œuvre pour y parvenir.

**Vous avez entre 11 et 20 points.** Vous n'êtes pas fantastiquement ordonné, mais vous vous soignez. Connaissant le manque d'esprit d'organisation qui vous caractérise, mais qui n'est pas totalement catastrophique, vous vous efforcez de compenser ce travers en gérant mieux votre temps et vos rendez-vous à l'aide d'un agenda... bien qu'il vous arrive d'oublier de le lire avant d'entamer une journée, ce qui vous conduit à certains oublis, retards, etc. De même, vous essayez de compenser ce trait de personnalité en choisissant de préférence des structures éducatives qui vous imposent l'organisation qui vous fait défaut (des études en IUT plutôt qu'en première année d'université, par exemple). Votre déficit d'organisation n'est pas toujours systématique : il peut concerner certains domaines de votre vie (particulièrement ceux qui ne vous intéressent guère), quand d'autres, qui vous intéressent davantage, sont beaucoup moins, voire pas concernés par ce défaut.

**Vous avez entre 0 et 10 points.** Chez vous, l'esprit bohème l'emporte sur le souci d'organisation. Votre vie, tant scolaire que personnelle, ressemble plus à un brouillon qu'à un plan bien structuré. Vous avez du mal à gérer votre temps, à organiser vos actions quotidiennes autour d'un planning, ce qui fait que vous êtes souvent en retard, oubliez des rendez-vous, ne faites pas certaines choses que vous auriez dû faire... Il y a belle lurette que vous n'essayez plus de remédier à ce trait de caractère qui s'est fortement imprimé en vous. Vivant dans l'instantané plus que dans l'anticipation, vous ne savez guère gérer les situations d'urgence : vous seriez plutôt du genre à paniquer lorsqu'un problème imprévu survient. Pour vous cadrer, il vous faut une structure caractérisée par une organisation de tous les instants, faute de quoi, vous vous dispersez et risquez même de vous noyer. La foule vous dérange, vous panique parfois, et vous n'êtes jamais aussi bien qu'au sein de petits groupes composés de personnes capables de compenser vos insuffisances dans ce domaine.

PARTIE 2

# Pour quel(s) métiers(s) êtes-vous fait ?

Nous venons de franchir la première étape du difficile parcours qui vous conduit à la définition de votre projet d'orientation vers l'enseignement supérieur. Normalement, vous y avez gagné une meilleure connaissance de votre personne, grâce à laquelle vous disposez désormais de nombreux éléments qui ne vont pas manquer de vous éclairer dans vos choix.

Dans cette deuxième étape, nous vous proposons de passer de la connaissance de soi à celle du projet professionnel. Cette dimension des choses a déjà été quelque peu effleurée au cours de la première étape. Nombre d'éléments constitutifs de votre personnalité vous renvoient à une certaine vision du secteur professionnel vers lequel vous pourriez tendre. Mais cette approche est loin d'être suffisante : il faut maintenant aller beaucoup plus loin avec le grand test d'orientation professionnelle que nous vous proposons dans le second chapitre de cette partie.

## Sommaire

# Faut-il nécessairement avoir un projet professionnel ?

De même qu'il est préférable que le pilote d'un avion décolle en ayant sa feuille de route, avec l'indication de son aéroport de destination, il est aussi plus aisé d'entamer des études supérieures en sachant quelle cible professionnelle on vise à la sortie. Prenons l'exemple d'un élève de terminale S, qui exprime le désir de devenir professeur de mathématiques. Il est facile de lui montrer quelles sont les deux voies d'études supérieures qu'il pourrait envisager. Dans l'idéal, c'est-à-dire s'il a le niveau requis, il peut intégrer une classe préparatoire en vue d'entrer en section mathématiques d'une école normale supérieure ; sinon, il peut entrer en première année de licence mathématiques dans une université. Pour un professionnel de l'orientation, ce genre de cas est le plus facile à traiter. En revanche, celui – fréquent en vérité – de l'élève qui est dans l'incapacité de définir une cible professionnelle, même en termes généraux, rend évidemment le bon conseil d'orientation plus difficile à donner. Comment conseiller un chemin d'études pour un élève qui n'a guère d'idée (voire, aucune idée) de son devenir professionnel ?

## LE PROJET PROFESSIONNEL EST-IL BIEN ANCRÉ ?

Nous observerons d'abord que, même lorsque l'élève est en mesure de définir une ou plusieurs cibles professionnelles, les choses ne vont pas toujours de soi.

Trop d'élèves de terminale s'engagent dans des études supérieures en fonction d'un projet professionnel vague ou trop peu stabilisé, voire d'une simple envie passagère. Des affirmations telles que « Je me verrai bien dans la musique » ou « J'ai envie de devenir prof de gym » demandent à être creusées, et pour le moins étayées par des rencontres avec des professionnels et, si possible, une découverte (même rapide) du secteur professionnel correspondant. S'engager dès l'après-bac dans une filière d'études spécialisées puis réaliser ensuite que l'objectif que l'on avait au départ a changé n'est certes pas catastrophique (il est souvent possible de se réorienter), mais fera perdre du temps. Et comme il est difficile de réussir dans une filière d'études non désirée, le risque d'échec scolaire est important.

**Il est d'autant plus important d'avoir ce risque en tête** que si, à l'issue du baccalauréat, vous disposez de certaines filières « pointues » permettant d'entrer immédiatement dans une logique de spécialisation professionnelle (par exemple, en intégrant une école de tourisme à recrutement niveau baccalauréat), il en existe d'autres qui vous autorisent à différer de deux ans (voire trois) le moment où vous vous spécialiserez. Par exemple, si vous entrez d'abord dans une classe préparatoire scientifique, cela vous permettra ensuite de confirmer votre envie d'intégrer une école d'ingénieurs, mais vous autorisera également à vous réorienter si vous changez d'avis.

Chacun comprendra que les études professionnelles spécialisées ne permettent que difficilement de changer d'orientation en cours de route. Par conséquent, elles ne conviennent qu'à des élèves dont le projet professionnel est bien ancré, projet duquel ils ne pourront pas dévier. Sinon, la seule échappatoire consiste à repartir de zéro ou presque.

## COMMENT CHOISIR SES ÉTUDES SUPÉRIEURES QUAND ON N'A PAS DE PROJET PROFESSIONNEL ?

Nous ne vous surprendrons probablement pas en vous disant que la majeure partie des élèves des classes de terminales générales (ES, S et L), n'ont qu'une idée fort vague, voire aucune idée, de leur devenir professionnel. C'est également vrai pour une partie minoritaire des futurs bacheliers technologiques.

**Pour tous ceux qui ne sont pas, ou trop vaguement, porteurs d'un projet professionnel,** il est impossible de choisir le parcours d'études supérieures en tenant compte de la cible professionnelle visée à la sortie. Dès lors, si vous ne pouvez pas choisir vos études en fonction de l'aval (le débouché professionnel), faites-le en fonction de l'amont (votre bilan personnel et scolaire

**Vécu**

## Du bac ES à l'école de commerce en passant par la filière LEA

Nous avons rencontré François, élève de terminale ES au lycée Henri-Matisse, à Vence (Alpes-Maritimes), à l'occasion d'une conférence d'orientation, qui a eu lieu dans son établissement. Comme la majorité de ses camarades, le temps passant, il était de plus en plus inquiet, car il n'avait aucun projet précis lui permettant de choisir ses études supérieures. Ne pouvant pas baser son choix en fonction du débouché professionnel, nous lui avons conseillé de partir de son bilan personnel et scolaire.

**Ses bulletins de notes** montraient que son terrain scolaire de prédilection était les langues étrangères : il avait de fort bons résultats en trois langues (15/20, 14/20 et 16/20 en anglais, espagnol et italien). Il avait en outre 12/20 en sciences économiques et sociales, ainsi qu'en histoire-géographie, mais 10/20 seulement en philosophie. Aux épreuves anticipées de français, il avait obtenu 12/20 aux deux épreuves écrites et orales. Globalement, il était assez bon élève (12,5/20 de moyenne générale), ses résultats d'ensemble étant tirés vers le bas par un médiocre 5/20 en mathématiques, ce qui rendait peu raisonnable un éventuel vœu d'orientation en classe préparatoire économique et commerciale.

**L'entretien** que nous avons eu avec lui a confirmé l'impression ainsi ressentie : il aimait apprendre les langues étrangères, lisait la presse internationale, regardait fréquemment des émissions en langues étrangères sur des chaînes câblées, avait des correspondants dans plusieurs pays, adorait voyager... En outre, il se passionnait pour les questions économiques, politiques et sociales du monde contemporain. Son bilan personnel révélait une bonne capacité de travail autonome (propice aux études universitaires), et une absence totale de perspective professionnelle, si ce n'est une volonté fermement affichée de ne pas devenir professeur (avec son niveau en anglais, il aurait pu envisager d'enseigner cette langue).

**Nous lui avons donc conseillé** de s'inscrire à l'université, en premier cycle de licence LEA (langues étrangères appliquées). Cette formule nous paraissait présenter pour lui deux gros avantages :

• repousser à bac+2 ou bac+3 le moment où il lui faudrait choisir un champ de spécialisation en vue d'une carrière internationale;

**• entrer dans une filière pour laquelle il était bien armé pour réussir, les disciplines enseignées étant largement celles qui lui avaient si bien convenu au lycée.**

**Par la suite, nous avons appris que François, après ses deux premières années d'études universitaires en LEA (qu'il avait fort bien réussies), était parvenu à entrer à Euromed Marseille, et cela après une brillante réussite au concours d'entrée en admission parallèle, permettant d'accéder à ce type d'écoles sans passer par les classes préparatoires. Son projet professionnel (devenir vendeur export) lui était progressivement venu pendant ses deux années passées en LEA, et après un stage en milieu professionnel.**

au moment où vous devez prendre vos décisions en matière d'orientation). D'ailleurs, n'est-ce pas ce que la majorité des élèves a dû faire, compte tenu des résultats scolaires en fin de troisième, puis de seconde ? L'exemple concret de François (voir l'encadré ci-dessus) va vous aider à comprendre comment nous voyons les choses dans ce cas de figure.

**Le cas de François est en effet très révélateur** de la démarche que nous vous proposons de mettre en œuvre si vous êtes dans la même situation que lui : son bilan personnel et scolaire a révélé un certain nombre de points forts et de motivations sur lesquels nous avons pu nous appuyer pour bien le conseiller. Nous y avons été fortement aidé par François lui-même, dans la mesure où il avait un vrai talent (les langues étrangères), consacré par de bons résultats scolaires. Idée de base : si vous n'avez pas de projet, demandez à vous faire admettre dans une filière de premier cycle non professionnalisée (licence universitaire, classe préparatoire) qui correspond aux matières que vous aimez apprendre et dans lesquelles vous réussissez (il faudra pour cela qu'il y en ait au moins une). Vous serez armé scolairement pour y réussir, et on peut faire le pari que le projet professionnel, dont vous n'étiez pas porteur en tant qu'élève de terminale, vous apparaîtra deux ou trois ans plus tard. Vous saurez alors vers quelles études professionnalisées vous diriger en deuxième cycle de l'enseignement supérieur.

# Le grand test d'orientation professionnelle

Professeur ou avocat ? Médecin ou ingénieur ? Chef de rayon dans la grande distribution ou expert-comptable ? Infirmière ou militaire de carrière ? La palette des métiers est large.

**2 000 métiers.** Savez-vous que le répertoire national des métiers du ministère de l'Économie et des Finances (baptisé du nom de ROME) recense plus de 7 000 métiers, correspondant à divers niveaux de qualification ? Et même en se concentrant sur ceux qui sont accessibles au terme d'un baccalauréat ou de diplômes de l'enseignement supérieur de niveaux bac+2 à bac+3, cela en fait plus de 2 000 ! Est-il besoin de préciser que le but du travail que nous allons vous inviter à faire n'est pas de vous conduire à repérer lequel de ces métiers pourrait être le vôtre, mais de vous aider à prendre conscience des secteurs d'activités pour lesquels vous semblez plus particulièrement fait.

**Un test de type RIASEC.** Le grand test d'orientation professionnelle que nous vous proposons ici vise donc un objectif relativement large. Il permet, selon la typologie d'un chercheur américain (John Holland), de repérer quel est votre grand profil professionnel. Par profil professionnel, nous n'entendons pas vous conduire à envisager des métiers aussi précis que « professeur des écoles » ou « ingénieur aéronautique », mais, plus modestement, vous permettre de vous ranger dans l'un des six grands profils suivants :

- **R** comme réaliste ;
- **I** comme investigateur ;
- **A** comme artiste ;
- **S** comme social ;
- **E** comme entreprenant ;
- **C** comme conventionnel.

D'où son nom : RIASEC.

Ce test consiste en une série de questionnaires que nous vous invitons à remplir. Nous vous en proposons trois : le premier concerne les activités qui vous plaisent le plus, le second votre comportement personnel, le troisième est relatif à votre façon d'apprendre. Pour chacun de ces trois questionnaires, nous vous demandons de respecter strictement les règles du jeu signalées, non pour jouer les rabat-joie, mais pour que vos réponses permettent véritablement de vous guider. Objectif de ce test : vous aider à dégager votre pôle de compétences principal et vos pôles de compétences secondaire et tertiaire.

## QUESTIONNAIRE N° 1 : VOS ACTIVITÉS PRÉFÉRÉES

Pour bien remplir ce premier questionnaire nous vous demandons de ne retenir strictement que 10 activités, choisies parmi les 18 qui vous sont proposées. Pour chaque réponse, vous entourez le chiffre indiqué sur la ligne correspondante. Par exemple, si, parmi vos dix activités préférées, vous retenez la réponse 1 (faire du sport), vous entourez le chiffre 2 dans la colonne R. Une fois le questionnaire rempli, vous additionnerez les points que vous avez obtenus pour chacune des six colonnes et les porterez en bas du questionnaire, sur la dernière ligne.

| Cochez les 10 activités qui vous plaisent le plus | Pour les activités retenues entourez votre score à chaque ligne | | | | | |
|---|---|---|---|---|---|---|
| | R | I | A | S | E | C |
| 1. Faire du sport | 2 | | | | | |
| 2. Vous occuper d'enfants | | | 2 | | | |
| 3. Assister à une conférence | | 2 | | | | |
| 4. Participer à une réunion familiale | | | | | | 2 |
| 5. Assister à un concert | | | 2 | | | |
| 6. Prendre la parole en public | | | | | 2 | |

| Cochez les 10 activités qui vous plaisent le plus | Pour les activités retenues entourez votre score à chaque ligne | | | | | |
|---|---|---|---|---|---|---|
| | R | I | A | S | E | C |
| 7. Cuisiner ou bricoler | 2 | | | | | |
| 8. Se faire l'avocat du diable | | 2 | | | | |
| 9. Bien préparer un cours | | | | | | 2 |
| 10. Résoudre un conflit de personnes | | | | 2 | | |
| 11. Participer à un concours | | | | | 2 | |
| 12. Jouer dans une pièce de théâtre | | | 2 | | | |
| 13. Réparer une mobylette, un appareil électroménager… | 1 | | | | | |
| 14. Jouer aux échecs | | 1 | | | | |
| 15. Lire un roman | | | 1 | | | |
| 16. Participer à une réunion politique | | | | 1 | | |
| 17. Tenter un sport extrême | | | | | 1 | |
| 18. Être ponctuel | | | | | | 1 |
| **A - Votre total « action »** | **R :** | **I :** | **A :** | **S :** | **E :** | **C :** |

## QUESTIONNAIRE N° 2 : VOTRE COMPORTEMENT PERSONNEL

La règle du jeu de ce deuxième questionnaire est la même que pour le premier. Notez cependant qu'il se présente différemment. Dans le cas présent, pour chacune des questions, vous devez choisir entre deux réponses. Il est absolument nécessaire que vous répondiez à chacune des 15 questions, même si certaines ne vous inspirent guère : il en va de la rigueur de l'analyse de vos réponses. Si, à la première question, vous choisissez la réponse « plutôt naturel », vous entourez le chiffre 1 dans la colonne R. Au terme de vos 15 réponses, vous procédez comme pour le questionnaire précédent.

| Choisissez le comportement qui vous caractérise le mieux | Établissez votre score | | | | | |
|---|---|---|---|---|---|---|
| | R | I | A | S | E | C |
| 1. Vous êtes plutôt compliqué(e) ❑ | | 1 | | | | |
| ou plutôt naturel(le) ❑ | 1 | | | | | |
| 2. Vous êtes plutôt idéaliste ❑ | | | 1 | | | |
| ou plutôt réaliste ❑ | 1 | | | | | |
| 3. Vous êtes plutôt bavard(e) ❑ | | | | 1 | | |
| ou plutôt solitaire ❑ | 1 | | | | | |
| 4. Vous êtes plutôt dynamique ❑ | | | | | 1 | |
| ou plutôt persévérant(e) ❑ | 1 | | | | | |
| 5. Vous préférez planifier ❑ | | | | | | 1 |
| ou plutôt concrétiser ❑ | 1 | | | | | |
| 6. Vous préférez découvrir une discipline nouvelle ❑ | | | 1 | | | |
| ou plutôt approfondir un domaine connu ❑ | | 1 | | | | |
| 7. Vous préférez aller à un cours ❑ | | 1 | | | | |
| ou plutôt garder des enfants ❑ | | | | 1 | | |
| 8. Vous aimez décider ❑ | | | | 1 | | |
| ou plutôt peser le pour et le contre ❑ | | 1 | | | | |
| 9. Vous êtes du genre à discuter sans fin d'un sujet ❑ | | 1 | | | | |
| ou vous savez prendre des décisions ❑ | | | | | | 1 |
| 10. Vous êtes plutôt original(e) ❑ | | | 1 | | | |
| ou plutôt conciliant(e) ❑ | | | | 1 | | |

| Choisissez le comportement qui vous caractérise le mieux | Établissez votre score | | | | | |
|---|---|---|---|---|---|---|
| | R | I | A | S | E | C |
| 11. Vous êtes autoritaire ❑ | | | | | 1 | |
| ou plutôt sensible ❑ | | | 1 | | | |
| 12. Vous êtes calme et posé(e) ❑ | | | | | | 1 |
| ou plutôt impulsif(ve) ❑ | | | 1 | | | |
| 13. Vous êtes serviable ❑ | | | | 1 | | |
| ou plutôt dirigiste ❑ | | | | | 1 | |
| 14. Vous êtes ordonné(e) ❑ | | | | | | 1 |
| ou plutôt chaleureux(se) ❑ | | | | 1 | | |
| 15. Vous aimez la compétition ❑ | | | | | 1 | |
| ou vous préférez la stabilité ❑ | | | | | | 1 |
| **A - Votre total « personnalité »** | R : | I : | A : | S : | E : | C : |

## QUESTIONNAIRE N° 3 : COMMENT APPRENEZ-VOUS ?

Pour ce troisième questionnaire, la règle du jeu est exactement la même que pour le deuxième.

| Choisissez la réponse la plus proche de ce que vous préférez | Établissez votre score | | | | | |
|---|---|---|---|---|---|---|
| | R | I | A | S | E | C |
| 1. Vous préférez un apprentissage avec des applications concrètes ❑ | 1 | | | | | |
| ou un apprentissage théorique ❑ | | 1 | | | | |

| Choisissez la réponse la plus proche de ce que vous préférez | Établissez votre score | | | | | |
|---|---|---|---|---|---|---|
| | R | I | A | S | E | C |
| 2. Vous préférez des études spécialisées ❑ | | 1 | | | | |
| ou des études pluridisciplinaires ❑ | | | 1 | | | |
| 3. Vous préférez des études qui vous enrichissent personnellement | | | 1 | | | |
| ou des études pour vous mettre au service de la société ❑ | | | | 1 | | |
| 4. Vous préférez travailler en équipe ❑ | | | | 1 | | |
| ou avoir un programme personnel précis ❑ | | | | | | 1 |
| 5. Vous avez plutôt le sens de la compétition ❑ | | | | | 1 | |
| ou une bonne capacité à vous organiser ❑ | | | | | | 1 |
| 6. Vous auriez volontiers une activité sociale ❑ | | | | 1 | | |
| ou vous préférez une activité plus concrète ❑ | 1 | | | | | |
| 7. Vous êtes mobile et surchargé d'activités variées ❑ | | | | | 1 | |
| ou vous vous concentrez plutôt sur vos études et la lecture ❑ | | | 1 | | | |
| 8. À l'école vous avez des intérêts tranchés pour certaines matières ❑ | | | 1 | | | |
| ou vous vous adaptez sans préférence à toutes les matières ❑ | | | | | | 1 |
| **A - Votre total « apprentissage »** | R : | I : | A : | S : | E : | C : |

## CALCULEZ VOTRE SCORE GLOBAL

Vous avez entièrement répondu aux trois questionnaires ? Il est temps de passer au calcul de votre score global. Pour ce faire, nous vous invitons à remplir l'encadré qui suit en y reportant les résultats notés en dernière ligne de chacun des trois questionnaires.

| | | | | | | |
|---|---|---|---|---|---|---|
| A - Votre total « action » | R : | I : | A : | S : | E : | C : |
| B - Votre total « personnalité » | R : | I : | A : | S : | E : | C : |
| C - Votre total « apprentissage » | R : | I : | A : | S : | E : | C : |
| **Total général** | **R :** | **I :** | **A :** | **S :** | **E :** | **C :** |

À partir de ce total, il est possible de dégager vos pôles de compétences. Ils correspondent aux trois lettres pour lesquelles vous avez obtenu les meilleurs scores. Ainsi, si vous obtenez R : 7, I : 2, A : 4, S : 1, E : 8, C : 5, vos trois pôles majeurs de compétences seront symbolisés par les lettres E (8), R (7) C (5). Dans ce cas, vous avez le profil ERC.

Vous devez donc reporter dans l'encadré suivant, dans l'ordre de vos scores, les résultats qui vous concernent.

| | | |
|---|---|---|
| **1er pôle** | **lettre :** | **score :** |
| **2e pôle** | **lettre :** | **score :** |
| **3e pôle** | **lettre :** | **score :** |

Le questionnaire qui précède permet de dégager pour vous un pôle de compétences principal : celui qui a obtenu le meilleur score. Il est accompagné par un pôle secondaire, puis tertiaire, puisque vous avez pu mettre en évidence trois pôles de compétences classés par ordre des scores que vous avez obtenu. Ainsi, par exemple, vous n'êtes pas simplement réaliste (si votre meilleur score correspond à la lettre R), mais RI (réaliste-investigateur), et même, si on pousse jusqu'au troisième pôle le plus important, RIS (réaliste-investigateur-social). Cela signifie que votre pôle de compétences dominant est réaliste, mais qu'il est accompagné de deux autres, qui exercent leur ascendant sur le premier : investigateur et social.

Dans les pages qui suivent, nous vous proposons de travailler sur la combinaison principale de votre pôle de compétences dominant et de son ascendant, signalé par le pôle qui vient en second dans l'ordre de vos résultats. Lorsque cela aura du sens, nous tenterons d'aller plus loin en introduisant une réflexion prenant en compte votre troisième pôle de compétences.

## VOTRE PÔLE DE COMPÉTENCES PRINCIPAL EST « R » COMME RÉALISTE

**Vous aimez faire, créer, réaliser.** Ce que vous réalisez personnellement est important pour vous et votre priorité est que vos actions aient un résultat tangible, mesurable, concret. Le monde réel vous intéresse plus que les idées. Faire est pour vous plus important que réfléchir. Souvent les personnes ayant un pôle réaliste fort considèrent les longues discussions comme une perte de temps. Elles ont plutôt hâte qu'on passe aux actes. Elles savent qu'il est impératif, pour se concentrer sur un travail concret, de délaisser dans une certaine mesure le côté relationnel.

Elles aiment fréquemment le bricolage (appliqué à des domaines qui peuvent varier d'un réaliste à un autre : mécanique auto/moto, agencement de la maison, jardinage, bidouiller des appareils électroniques, réparation d'objets domestiques, etc.) et sont pour cela, et pour bien d'autres choses qu'elles font, dotées d'une grande dextérité, accompagnée d'une forte capacité de patience.

Physiquement, ces personnes sont fréquemment « sportives », aiment la vie au grand air, la nature, se dépenser physiquement, réaliser une performance sportive (gagner en compétition ou plus simplement se fixer un objectif et l'atteindre).

En ce qui concerne les domaines d'études et professionnels, les réalistes sont fortement attirés par tout ce qui touche à la santé (en particulier la

## À savoir — Pôle réaliste : études supérieures courtes ou longues?

Les personnes ayant le pôle de compétences principal « réaliste » bénéficieront d'un grand avantage au moment où leurs études basculeront de la théorie vers la pratique, la technique.

**Pour les artisans, professionnels du bâtiment...,** issus le plus souvent de CAP ou de bacs professionnels et dont la formation se déroule généralement par le biais de l'alternance (sous contrat d'apprentissage ou de professionnalisation), cela se produit très tôt.

**Pour les bacheliers technologiques,** cela se produit au moment du passage dans les études supérieures courtes, qui proposent des spécialités concrètes, mais tellement diverses qu'on ne peut que leur conseiller la lecture détaillée des intitulés, programmes, descriptifs de débouchés professionnels... des diverses formations proposées (IUT, BTS, écoles spécialisées).

**Pour les bacheliers généraux,** rien n'interdit d'avoir la même logique que les bacheliers technologiques, mais leurs choix les conduisent vers des études longues, *via* un premier cycle général qui leur donne deux ou trois années avant de choisir une formation professionnelle bien spécialisée. Certains allieront leur goût du concret à une passion particulière (leur amour de l'automobile, de l'avion... par exemple), et, immédiatement après le bac, opteront pour une formation de type BTS maintenance et exploitation des matériels aéronautiques, maintenance et après-vente automobile, ou pour une école d'ingénieur automobile, aéronautique... à recrutement niveau bac. D'autres choisiront de passer par un premier cycle général et théorique (classe préparatoire aux grandes écoles ou premier cycle universitaire), avant de s'engager dans une filière professionnalisée de ce type. Mais tous attendent avec impatience le moment où ils entreront dans un cycle d'études (court ou long) bien professionnalisé, spécialisé, conforme à leur projet.

**Aller vers le concret.** C'est pourquoi rester quelques années de plus dans la théorie convient rarement aux élèves de terminale à profil réaliste. Leur souci d'aller vers des choses concrètes les amène donc à choisir des études courtes ou longues, immédiatement professionnalisées : BTS, DUT, écoles spécialisées pour les premières; grandes écoles à recrutement

**niveau bac pour les secondes. Pour eux, entrer dans une prépa ou en première année d'université est loin d'être évident : il leur faudrait alors accepter de différer de deux ou trois ans le moment d'intégrer une formation professionnelle spécialisée, mais aussi faire preuve d'un niveau de compétences générales assez élevé. Ceux qui visent des diplômes de l'enseignement supérieur long (titre d'ingénieur, par exemple) peuvent, après un BTS ou un DUT, rejoindre une grande école par le biais des admissions parallèles et bénéficier ainsi de cinq années de formation professionnelles. À bon entendeur...**

chirurgie), aux métiers de la nature (vétérinaire, paysagiste, agronomie, agriculture...), mais aussi à l'immobilier, au transport et à la logistique, à l'informatique, aux arts appliqués, à la mode... Tous secteurs d'activités qui correspondent à des tâches concrètes, demandant habileté et précision de la part de ceux qui les exercent, ainsi qu'un bon état physique général.

**1. Le profil RI (réaliste-investigateur).** Les RI ont tendance à se spécialiser, aussi bien dans leurs études que dans leurs démarches professionnelles. Ils sont très fréquemment attirés par des métiers porteurs d'une certaine technicité : architecte, physicien, géographe, ingénieur agronome, ingénieur en télécommunications, ingénierie industrielle, assistant d'ingénieur, etc.

• **Le profil RIA (réaliste-investigateur-artiste).** Avec un troisième pôle démontrant une sensibilité artistique, on aura une forte propension à se diriger vers des métiers manuels très créatifs, tels que les métiers des arts appliqués, la restauration d'art, la menuiserie... Dans un autre domaine, on peut aussi devenir botaniste.

• **Le profil RIE (réaliste-investigateur-entreprenant)**, porté par un esprit vivace, sera attiré par des métiers tels que pilote, électronicien, météorologue, technicien en télécommunication, trésorier d'entreprise (s'il est à l'aise avec les chiffres).

**2. Le profil RA (réaliste-artiste).** Adeptes de l'activité choisie et non subie, souvent portées par la passion de faire, aimant travailler de leurs mains, les personnes qui ont le profil RA aiment les métiers de la création, qui aboutissent à des résultats concrets. Cette combinaison R + A donne des personnalités intuitives, imaginatives. Les métiers d'exécution, de reproduction des gestes professionnels à l'identique… ce n'est vraiment pas leur « truc ». Les détenteurs de ce profil ne s'épanouissent que sur les chemins peu balisés, leur laissant une large part de manœuvre, une grande marge d'autonomie. On ne sera donc pas étonné d'apprendre qu'ils deviennent très souvent artisans d'arts ou de les retrouver dans les métiers de bouche. Ils peuvent exercer en tant que salariés chez un petit patron ou s'installer à leur compte s'ils se sentent assez entreprenants (profil RAE, réaliste-artiste-entreprenant). De pâtissier ou chocolatier à bijoutier ou ferronnier d'art, en passant par fleuriste, tatoueur et bien d'autres, la liste est longue des métiers marqués à la fois par un important degré de créativité, pratiqués par des personnes qui se veulent autonomes, désireuses de travailler hors des chemins très balisés.

- **Le profil RAS (réaliste-artiste-social).** Plus relationnelles et capables d'intégrer une équipe, les personnes de profil RAS se dirigent volontiers vers des métiers tels que décorateur, architecte d'intérieur, dessinateur industriel.

- **Avec le profil RAI (réaliste-artiste-investigateur),** on peut être attiré par des métiers plus conceptuels : paysagiste, urbaniste, architecte, ou par une spécialisation utile et technique comme celle que possèdent les assistants dentaires, par exemple.

- **Quant au profil RAC (réaliste-artiste-conventionnel),** il correspond à des personnalités minutieuses et adroites. Adorant bricoler, elles peuvent se diriger vers des métiers de l'artisanat technique, mais aussi, *via* des études supérieures en biologie, vers les métiers de la botanique, de l'horticulture, de paysagiste…

**3. Le profil RS (réaliste-social).** Ce profil est assez rare car il est relativement difficile de trouver réunis en une même personne un pôle réaliste dominant avec en ascendant un pôle social, témoignant d'une vraie capacité à communiquer, à encadrer et à conseiller les autres.

- **Le profil RSE (réaliste-social-entreprenant).** Ce profil correspond souvent à des personnes très dynamiques, ayant l'esprit de décision et le goût du concret, ce qui prédispose aux métiers du sport (entraîneur sportif, moniteur ou professeur de sport, professeur d'éducation physique et sportive...), à diverses professions paramédicales, et même à certains métiers d'ingénieurs. Les personnes de ce profil les plus techniques, concrètes et dynamiques se mettront à leur compte en tant qu'artisans bouchers, boulangers, maçons, etc. Elles auront fortement tendance à privilégier les études en alternance. Précis, rapides, certains envisageront des métiers de la conduite : chauffeur de taxi ou de car, conducteur de métro, de train... Mais faute de sentir un véritable intérêt scientifique et peu attirés par les études, les plus pragmatiques s'octroieront plus simplement les emplois technico-commerciaux, ou réussiront à intégrer la presse technique spécialisée.

• **Le profil RSC (réaliste-social-conventionnel).** Esthéticienne, orthoprothésiste, magasinier en fournitures automobiles, chef de fabrication dans l'édition... sont aussi autant de métiers ou le concret et le relationnel s'imbriquent dans une activité plus encadrée, convenant bien au profil RSC.

• **Le profil RSA (réaliste-social-artiste).** De l'animateur 3 D au peintre décorateur ou à l'assistant réalisateur, du bijoutier au développeur informatique, les profils RSA sont plus originaux, tentés d'abord par une formation artistique et capables d'envisager de se diriger vers des métiers à fort risque de chômage.

**4. Le profil RE (réaliste-entreprenant).** Attirées par des études concrètes, à débouché clair et direct, les personnes de ce profil savent aller droit au but. Elles privilégient donc les formations professionnalisées courtes, du type BTS/DUT/écoles spécialisées. Soucieuses de passer rapidement dans la vie professionnelle, elles ne sont pas du genre à prolonger les études pour retarder le moment du passage au monde de l'emploi, sauf si elles trouvent une bonne façon complémentaire de se former professionnellement. Les réalistes-entreprenants aiment bien l'idée de se former par l'alternance, qui leur offre une approche immédiatement concrète : ils ont le sentiment que cela leur donne un atout supplémentaire par rapport à la seule approche théorique. Aimant l'action, volontaires et dynamiques, ils peuvent aussi bien espérer devenir informaticien ou médecin, se diriger vers des métiers manuels et physiques (ouvriers et techniciens du bâtiment, de l'agriculture où de l'industrie, masseur-kinésithérapeute, ostéopathe) qu'exercer des métiers du sport et des loisirs… Excellent pour comprendre et transformer le réel, doué pour se servir d'outils, le réaliste-entreprenant ne sera guère intéressé par des études scientifiques théoriques trop longues. Il privilégiera la recherche d'un métier techniquement difficile, qui s'apprend autant par le contact avec des professionnels de terrain qu'en système scolaire.

• **Le profil REI (réaliste-entreprenant-investigateur).** Souvent solitaires, les personnes au profil RE seront parfois attirées par une spécialisation (à condition toutefois d'avoir le profil REI, donc d'avoir le pôle investigateur accroché aux deux autres) et visent des métiers de haute technicité (responsable d'atelier, chef de fabrication, ingénieur…).

• **Celui qui a un profil RES (réaliste-entreprenant-social)** pourra rechercher des responsabilités et aura très probablement une certaine autorité sur les personnes qu'il sera chargé d'encadrer. Commissaire de police, commandant de navire, lieutenant de pompier, opticien lunetier sont des emplois qui lui correspondent. Il peut aussi occuper les fonctions de gérant, ou être à la tête d'un service ou d'une petite entreprise technique.

**5. Le profil RC (réaliste-conventionnel).**

• **Le profil RCE (réaliste-conventionnel-entreprenant).** Parmi les activités qui supposent une spécialisation professionnelle et un apprentissage progressif, les plus « entreprenants » se tourneront vers une spécialité très physique, parfois caractérisée par un important risque professionnel : les métiers du bâtiment et des travaux publics par exemple (charpentier, grutier, ascensoriste, laveur de vitres sur immeubles, etc.).

• **Avec le profil RCI (réaliste-conventionnel-investigateur)** une aptitude à la spécialisation permet d'envisager de se lancer dans les métiers de l'artisanat alimentaire (fromager, confiseur, boulanger, etc.) ou demandant une grande technicité (typographe, luthier, cartographe, marbrier, etc.). Ces activités permettent de rester très autonome, grâce à des compétences demandant une grande précision, un savoir technique spécialisé : du cartographe au fromager, du luthier à l'électricien, de l'artisan du BTP au mécanicien automobile, on acquiert par la formation (en particulier auprès de professionnels) une haute technicité mise au service d'un métier demandant de la précision, voire une certaine méticulosité. Une aptitude à la réflexion et des capacités techniques peuvent aussi se traduire par un métier plus intellectuel, comme celui de traducteur technique, qui nécessite également une grande persévérance et une grande technicité.

• **Enfin pour les profils RCA (réaliste-conventionnel-artiste),** on peut indiquer des orientations professionnelles peu courantes conduisant aux métiers de la sérigraphie, de graveur, de verrier, et autres professions exigeant une démarche très concrète, de la rigueur, tout en laissant une part à la créativité.

## VOTRE PÔLE DE COMPÉTENCES PRINCIPAL EST « I » COMME INVESTIGATEUR

**Vous aimez apprendre, lire, approfondir, vous spécialiser, réfléchir, analyser, critiquer.** Réfléchir, faire travailler vos cellules grises et comprendre le monde qui vous entoure est ce que vous considérez comme l'activité la plus importante et la plus à même de vous donner un jour du travail intéressant. Votre développement intellectuel, aidé et soutenu par tout ce qu'on vous enseigne à l'école, est vraiment favorisé par une conception « sérieuse » de la vie. Vous aimez savoir et vous passez beaucoup de votre temps à apprendre, y compris une fois entré dans la vie active. C'est pourquoi on dit souvent de vous que vous êtes un éternel étudiant. Et pourtant, être rémunéré un jour pour réfléchir, cela n'arrive qu'aux meilleurs, bien que généralement, l'esprit de compétition n'habite pas les investigateurs.

Le plus souvent, l'investigateur n'est pas un rapide : il prend sont temps, il réfléchit longuement avant d'agir, s'efforce d'aller le plus loin possible dans ses études et, comme étudier lui plaît et qu'il réussit plutôt bien, il n'est pas pressé d'entrer dans la vie professionnelle. D'autant moins qu'il a la conviction que, grâce à ses diplômes et à la spécialisation qu'il aura acquise en faisant des études longues, il n'aura aucun mal à s'insérer sur le marché de l'emploi le moment venu.

Doté de sens critique, d'une grande curiosité intellectuelle, l'investigateur adore les débats d'idées. Étudiant, il est du genre à passer des heures à discuter avec d'autres pour refaire le monde. Actif, il a tendance à « couper les cheveux

## À savoir — Quelles études supérieures avec un pôle investigateur dominant?

Une personne qui a un pôle investigateur dominant est d'abord quelqu'un qui aime réfléchir, dans presque tous les domaines. Elle aime prendre son temps avant d'agir, au point parfois de donner le sentiment qu'elle a du mal à prendre des décisions, à choisir.

**Son parcours scolaire** est favorisé par l'intérêt qu'elle prend aux études et le temps qu'elle est capable d'y consacrer. Son problème : le choix d'une filière spécialisée. Aimant apprendre beaucoup de choses, elle a été particulièrement à l'aise dans les études secondaires générales. Mais voilà que se présente à elle le moment d'un choix angoissant tant tout, ou presque, l'intéresse. Elle peut certes choisir une classe préparatoire, mais ne doit pas oublier qu'une spécialisation lui sera nécessaire. Ses handicaps pouvant être une certaine difficulté à sortir de ses propres réflexions, une tendance à compliquer les choses et son peu de goût pour la compétition, elle peut aussi opter pour un premier cycle universitaire qui correspond aux disciplines d'enseignement général qu'elle affectionne le plus.

**Pour anticiper professionnellement,** elle doit s'efforcer de rapprocher ces disciplines (comme la classe préparatoire choisie) de ses pôles deux et trois. En étudiant la combinaison de ces pôles, elle pourra plus facilement se déterminer pour des études littéraires, de santé, juridiques, de psychologie, de sciences, de comptabilité, économiques, etc. En fait, l'investigateur peut entrer en classe préparatoire scientifique, s'il a aussi un pôle réaliste fort; dans une classe préparatoire commerciale, une filière économique juridique, de comptabilité, avec un pôle conventionnel fort; en médecine ou psychologie, avec un pôle social fort; en lettres, avec des pôles artiste-social forts. Ce sont les arts et les langues qui sont les orientations les moins adaptées à ces personnalités peu instinctives, qui réfléchissent avant de ressentir et d'agir.

**Durant ses études,** l'investigateur aura du mal à enclencher la dynamique des stages ou jobs d'été, les expériences professionnelles lui paraissant souvent moins intéressantes que les études et les diplômes qui en résultent. Il le faudra pourtant, mais généralement il le fera en deuxième ou troisième année de premier cycle des études supérieures, lorsqu'il aura entamé une véritable spécialisation.

en quatre », à prendre un long temps de réflexion et à partir à la recherche d'une information spécialisée, avant de décider… au point parfois de paraître trop pointilleux, voire d'avoir de la difficulté à passer aux actes.

L'investigateur ne se « débrouille » pas avec les moyens du bord. En principe, il conçoit sa vie professionnelle avec rigueur et sérieux. Ce profil se sent bien dans les métiers scientifiques (techniciens ou ingénieurs), dans la recherche, dans l'audit, la médecine, la psychologie… des métiers où les jeux de pouvoir ne sont pas trop importants. Il exerce aussi bien en entreprise que dans diverses administrations. En revanche, l'investigateur n'est pas le mieux placé pour être professeur, alors même qu'il aime étudier ! Cette apparente contradiction s'explique : par définition, l'investigateur se place dans la sphère de la réflexion, de l'apprentissage (en tant qu'« apprenant »), beaucoup plus que dans celle de la restitution didactique (l'enseignement). À la rigueur, s'il est une carrière de l'enseignement qu'un investigateur peut envisager, c'est celle d'enseignant-chercheur du supérieur, et non celle du premier ou du second degré où l'on est pur enseignant.

**1. Le profil IR (investigateur-réaliste).** Une personne de profil IR a une forte tendance à aimer les problèmes scientifiques, les questions intellectuelles. Joint au côté très concret des réalistes, le côté investigateur donne des personnes très attirées par les activités demandant une habileté, voire une dextérité physique (chirurgien, par exemple), mais aussi par les métiers du dessin technique, de l'aviation (pilote), par les sciences physiques appliquées (donnant nombre de métiers d'ingénieur ou d'assistant d'ingénieur), la climatologie, ainsi que la recherche scientifique.

• **Le profil IRA (investigateur-réaliste-artiste).** Avec un troisième pôle artiste, on a souvent affaire à des scientifiques créatifs : physicien, statisticien, économiste… On rencontre aussi les professionnels de métiers nouveaux et moins balisés comme celui de designer d'interactivité, par exemple. Si vous passez par une formation très marquée par les nouvelles technologies de la communication, les métiers de l'Internet, du multimédia… s'ouvrent à vous.

• **Le profil IRC (investigateur-réaliste-conventionnel).** Avec un troisième pôle conventionnel, on trouve certains types d'ingénieur chimiste, d'ingénieur d'essai et tous les personnels de laboratoire à tous niveaux.

• **Avec un profil IRE (investigateur-réaliste-entreprenant),** on peut aller très loin dans les études en démarrant dans un secteur d'études supérieures généralistes compétitif, telles les classes préparatoires aux grandes écoles. On peut devenir productif : ingénieur en génie chimique ou technicien en informatique industrielle sont des métiers où dynamisme et réflexion vont de pair. Ce pôle entreprenant est aussi celui des personnes qui ne conçoivent pas leur métier comme devant se dérouler au seul niveau de la recherche en laboratoire ou en bibliothèque, mais en un va-et-vient permanent entre la recherche et le terrain : archéologues, géographes, géologues... sont dans ce cas. Des métiers qui supposent dynamisme, autonomie, volontarisme, capacité d'initiative.

• **Le profil IRS (investigateur-réaliste-social).** Avec un troisième pôle social, on a affaire à des personnes qui tentent de construire un pont entre le scientifique et l'humain. Cela conduit assez fréquemment aux métiers de médecin, vétérinaire, psychologue... Des professions qui suscitent parfois des vocations contrariées, car les études qui conduisent à ces professions sont le plus souvent très sélectives : l'amour des animaux ou le désir de soigner, de s'intéresser aux autres, ne sont pas suffisants.

**2. Le profil IA (investigateur-artiste)** concerne des personnes très autonomes dans leur réflexion et qui peuvent la pousser très loin dans un domaine qui les passionne.

• **Le profil IAR (investigateur-artiste-réaliste).** Ceux qui ont aussi un troisième pôle réaliste auront des passions variées. Elles peuvent aller de l'arrangeur de musique à l'aromaticien, en passant par l'anthropologue, ou par d'autres métiers de la recherche scientifique. Ils savent qu'une passion n'est pas forcément rémunératrice et leur intérêt pour un domaine précis se renforcera tout au long de leur vie, qu'il soit rémunérateur ou pas.

• **Le profil IAS (investigateur-artiste-social).** Ceux qui ont un troisième pôle social seront attirés par des disciplines littéraires et devront tenter des métiers fortement marqués par le relationnel et la langue : journalisme, critique littéraire ou enseignement mais, pour ce dernier métier, exercé dans des structures autres que les lycées traditionnels (français langue étrangère ou formation d'adultes).

**3. Le profil IS (investigateur-social).** À la fois très réfléchis et attachant une importance primordiale au bien-être des personnes, les porteurs de ce profil ont deux voies principales à explorer : d'une part certaines spécialités de la médecine, d'autre part les métiers de la psychologie. On peut aussi penser à des métiers comme nutritionniste, pédiatre… Avec cette proximité relative avec les personnes (tempérée par un esprit critique et de réflexion), on peut aussi être tenté par le métier de chargé d'études marketing. Le détenteur de ce profil peut devenir un spécialiste, capable de conseiller les autres, de les aider à réfléchir ou à mieux vivre.

• **À condition d'avoir un profil ISC (investigateur-social-conventionnel),** on pourra se tourner vers le droit, puis évoluer vers des métiers du droit social, ou même de consultant en gestion de carrière (et par extension, les métiers de la gestion des ressources humaines).

**4. Le profil IE (investigateur-entreprenant)** caractérise des personnes qui réfléchissent et agissent au quart de tour ; avec en contrepartie le risque d'être à tout moment freinées, voire bloquées, soit dans la réflexion, soit dans l'action. Ces profils s'orienteront vers des métiers d'ingénieurs d'études, de fabrication, la démographie, les postes de chargé d'études techniques.

• **Avec un profil IES (investigateur-entreprenant-social)** il est permis de songer à des carrières de chercheur ou enseignant-chercheur en sciences sociales, ou de journaliste spécialisé sur les questions sociales.

**5. Le profil IC (investigateur-conventionnel).** Moins concrets et ayant un sens de l'organisation, les IC les plus « raisonnables » et calculateurs (profil ICR) choisiront les métiers de l'économie et se spécialiseront en audit, interne ou externe, alors que les plus dynamiques et entreprenants (profil ICE) pourraient être tentés par l'informatique, l'analyse financière ou l'actuariat.

## VOTRE PÔLE DE COMPÉTENCES PRINCIPAL EST « A » COMME ARTISTE

**Vous aimez inventer, créer, ressentir, être passionné par ce que vous faites.** Vous avez un rapport affectif fort avec le monde, aimez le contact avec les autres, et êtes d'abord guidé par vos émotions, vos intuitions, votre enthousiasme. Vous vous questionnez sur vous-même et avez une certaine originalité, une relative incapacité à ne pas céder à vos propres passions, parfois même à votre impulsivité. Vous n'êtes pas du genre conformiste, et vous vous sentez beaucoup mieux dans une relative inorganisation que dans des univers très cadrés. Être positionné dans un univers hiérarchisé, devoir vous plier à des normes strictes, dépendre quotidiennement d'un supérieur hiérarchique... ne vous convient pas du tout. Vous avez beaucoup de mal à gérer votre temps à l'aide d'un agenda, à respecter l'horaire d'un rendez-vous, et il vous arrive assez souvent d'oublier quelque chose. En revanche, vous livrer à une activité qui allie travail et plaisir vous va parfaitement, le second trait étant bien sûr le plus important à vos yeux.

Cette expressivité, vous pourriez la satisfaire par une pratique artistique ou tout simplement par l'envie... de ne pas travailler du tout. Certains d'entre vous se verraient bien rentier, consacrant leur temps à des activités librement choisies, parmi lesquelles le monde de l'art serait privilégié. Mais, comme un tel privilège n'est pas donné à tous, vous vous dites que, puisqu'il faut bien travailler un jour, vous pourriez opter pour des études puis un métier supposant des tâches variées, ayant si possible un rapport avec l'art, le visuel, le tourisme, les loisirs, susceptibles de vous éviter l'ennui.

Le pôle artiste fort signale qu'on mélangerait bien volontiers vie professionnelle et vie personnelle : nombreux sont les « artistes » qui travaillent à domicile, aiment s'activer sans se fixer d'horaires précis, recherchent le statut de travailleur indépendant. Il faut aussi savoir en tirer les conséquences : les métiers pratiqués par ces personnes sont souvent précaires et/ou ne procurent pour la plupart que des revenus modestes, obligeant parfois à avoir plusieurs employeurs, à accepter une part d'insécurité et d'improvisation...

C'est aussi en prenant ces risques que vous serez le plus à même de réussir un jour car votre originalité et vos désirs vous poussent à refuser les contraintes de travaux conventionnels. Voilà pourquoi vous vous formez et exercez dans les métiers du spectacle, des arts (musique, arts du spectacle, arts appliqués, sculpture, archéologie...), de la communication (en particulier, le versant création des métiers de la publicité), de la mode, de la culture au sens large...

**1. Le profil AR (artiste-réaliste).** Pour ceux qui ont un profil de ce type, le dessin ou les arts manuels, le design… font partie des formations et métiers qu'ils recherchent, qui les enrichiront utilement, même si trouver sa place muni de ces compétences n'est pas facile.

• **Avec un profil ARI (artiste-réaliste-investigateur),** on peut créer, inventer (par exemple pour le théâtre, le cinéma, la haute couture.), ce qui correspond à des métiers de costumier, de maquilleur, ou de décorateur…

• **Avec un profil ARE (artiste-réaliste-entreprenant),** on aura affaire à des personnes qui feront preuve de plus d'autonomie : maquettiste, directeur artistique dans la pub, éclairagiste… Elles pourront aussi créer leur activité et travailler « à leur compte » (fleuriste, modiste…).

**2. Le profil AI (artiste-investigateur)** correspond à des personnes généralement enthousiastes, passionnées, capables de déployer une grande énergie pour bien travailler. Enclin à se perdre dans ses pensées, l'artiste-investigateur aime imaginer et réfléchir. Il est de façon personnelle très motivé par des activités et des études librement choisies, qui l'enrichissent, lui permettent de devenir « quelqu'un » avant de monnayer sa spécialité. Il peut être attiré par le concret et avoir envie de réaliser des œuvres personnelles. Les métiers qui lui correspondent le plus : architecte, artiste peintre, sculpteur, compositeur, journaliste multimédia…

• **Avec le profil AIR (artiste-investigateur-réaliste),** on est plus particulièrement fait pour des métiers qui demandent une créativité forte et un sens du concret assez important, permettant d'aller jusqu'au bout de ce qu'on entreprend : architecte, urbaniste…

• **Le profil AIS (artiste-investigateur-social)** correspond le plus souvent à des personnes qui sont fortement attirées par des métiers très littéraires, pour qui le texte devient un vrai support de travail : critique d'art, comédien, journaliste…

• **Quand au profil AIE (artiste-investigateur-entreprenant),** il correspond à des personnes plus autonomes, sachant ce qu'elles veulent et ne veulent pas, renvoyant à des métiers tels qu'écrivain, scénariste, etc.

| À savoir | Pour les artistes : des études supérieures « passion » |
| --- | --- |

Mis à part les rares cas d'élèves ayant pu opter pour des études secondaires artistiques ou littéraires véritablement choisies (bac L spécialisé art ou autre, bac STD2A – sciences et technologie du design et des arts appliqués –, bacs professionnels des métiers d'art, brevets des métiers d'art...), la plupart des élèves à profil artiste ont été conduits à faire des études secondaires ne leur permettant pas ou guère d'identifier une passion personnelle. L'entrée dans l'enseignement supérieur est donc pour elles l'occasion de se poser la question de leur désir profond, plus que de la raison pure (la leur ou celle des autres : parents, professeurs, conseillers d'orientation...).

Sans réponse à cette question de fond, à la recherche d'un temps de réflexion supplémentaire, certains accepteront de passer par un premier cycle général. Ils auront intérêt à ne pas choisir des études trop monolithiques comme le droit, mais pourront très bien envisager des écoles de commerce et de gestion, des études pluridisciplinaires en universités (centrées sur les études économiques et sociales, les langues ou les sciences...), afin de disposer de plus de temps pour mieux identifier un parcours d'études conforme à leur profil.

**La plupart des personnes ayant le profil artiste dominant** sont bien conscientes des risques (notamment de vie professionnelle précaire) qu'elles prennent en choisissant des études « plaisir » tels que les premiers cycles universitaires de lettres (pour ceux qui les choisissent parce qu'ils aiment lire) ou de philosophie (parce que « la philo c'est super ») ou autres, pour des motifs tout aussi vagues, tout en sachant par ailleurs qu'ils ne veulent pas devenir enseignants. Même problème du côté des cohortes d'élèves qui optent pour des études artistiques (en arts plastiques, musique, histoire de l'art, cinéma-audiovisuel... ou les écoles d'arts appliqués, décoratifs, musicaux, d'histoire de l'art...) qui s'offrent à eux.

**Malgré leur prise de conscience de ces risques,** nombreux sont ceux qui n'hésitent pas à faire passer leur passion (leur épanouissement personnel) avant leur raison (la prise en compte des réalités qui les attendent à la fin de telles études). Certains devront se battre pour arracher le consentement de leurs parents, et tous n'y parviendront pas. Mais la plupart sauront trouver parmi les adultes qui les entourent un soutien venant

**d'une ou plusieurs personnes ayant une certaine connaissance du milieu professionnel auquel conduisent de telles « études passion », qui les aideront à convaincre les sceptiques. La flamme intérieure qui les anime leur donne le sentiment qu'ils parviendront à « se débrouiller » en vivant (même petitement) de leur passion, voire (ils l'espèrent tous) à y réussir pleinement.**

**Les plus accrocheurs, qui auront su bien choisir leur domaine, parfois après une classe préparatoire littéraire, iront jusqu'aux grandes écoles (de communication, de cinéma, d'art dramatique, de musique, de photographie). Le petit nombre de places disponibles dans les écoles labellisées ministère de la Culture ou de l'Éducation nationale, et la grande sélection qui y règne, incitent ceux (et ils sont nombreux) qui n'ont pu les intégrer à aller vers des écoles privées plus ou moins reconnues pour donner consistance à leur rêve de faire de telles études supérieures.**

**3. Le profil AS (artiste-social).** Émotives et sensibles, mais aussi très attentives aux autres, les personnes ayant ce profil sont naturellement attirantes. Originales, bien souvent atypiques, elles sont à même d'étonner, de faire vibrer la corde sensible de leurs interlocuteurs. Ayant tendance à ressentir, à éprouver, avant de raisonner et d'agir, ces personnes sont à la recherche d'une profession à la fois marquée par une importante exigence de créativité et par un relationnel fort. C'est la double condition sans laquelle elles ne ressentiront pas la passion, sans laquelle il leur est difficile d'agir. Parmi ceux qui bénéficient d'un tel profil, beaucoup savent déjà intuitivement que le langage sera leur moyen d'expression privilégié.

• **Le profil ASI (artiste-social-investigateur).** Avec un troisième pôle investigateur on peut s'orienter vers des métiers assez littéraires (documentaliste, bibliothécaire...) ou même envisager une carrière de chanteur, de journaliste radio, de concepteur-rédacteur de publicité, d'orthophoniste...

• **Avec un profil ASE (artiste-social-entreprenant),** on est en bonne position pour les métiers de la communication, des langues, des arts appliqués ou décoratifs... ou pour le professorat des écoles. La personne à profil ASE n'est pas Monsieur ou Madame tout le monde, possède un carnet d'adresses impressionnant, est très autonome, a un besoin naturel de mobilité et l'envie de rencontrer des personnes nouvelles.

**4. Le profil AE (artiste-entreprenant).** L'artiste-entreprenant est à la fois affectif et décidé, contemplatif et doué pour l'action. C'est une personnalité sensible, intuitive, capable d'émotions fortes, mais qui peut aussi prendre des décisions de façon autonome. Doté d'une autorité naturelle lui permettant de s'imposer, il ne fait pas partie des êtres « raisonnables » : tout en lui est passionnel, instinctif même parfois.

• **Avec un profil AER (artiste-entreprenant-réaliste),** il sera un excellent meneur d'activité. Il n'a pas peur de se mettre en avant, est doté d'une autorité naturelle et d'une prestance qui peuvent le servir, notamment lorsqu'il se meut dans des contextes où il est confronté à une hiérarchie forte dont il a trop souvent tendance à s'affranchir. On le retrouve fréquemment dans les métiers de l'édition, de la pub, de la presse : chef de pub, rédacteur en chef, éditeur ou attaché de presse. Il n'a pas forcément un programme de vie tracé. Parce qu'il sait travailler pour d'autres, il peut aussi se lancer dans un métier de la décoration ou du spectacle (cadreur, metteur en scène…), dans la musique ou dans quelques métiers plus conventionnels (ceux du merchandising, par exemple). Plus il aura l'esprit concret, plus il ira vers des métiers où il réalisera lui-même : graphiste, créateur de publicité, reporter, photographe…

**5. Le profil AC (artiste-conventionnel).** Une combinaison très rare car allier autonomie et sécurité, concilier créativité, organisation et régularité, n'est pas du tout évident. Le conseiller en organisation réunira admirablement ces deux pôles (AC), à condition toutefois d'être accompagné, pour son troisième pôle, de la dimension entreprenant (profil ACE, artiste-conventionnel-entreprenant), car il s'agit de rester polyvalent, de ne pas se spécialiser pour ne pas s'ennuyer. Un métier qui exige une bonne réussite dans les études car les emplois de ce type sont rares.

## VOTRE PÔLE DE COMPÉTENCES PRINCIPAL EST « S » COMME SOCIAL

**Vous savez écouter, communiquer, comprendre les autres.** Votre attitude naturelle vis-à-vis des autres est un atout considérable. Vous êtes capable d'entrer directement en relation avec vos interlocuteurs, vous leur accordez l'attention qu'ils méritent. Vous êtes aussi complètement en phase avec les personnes que vous rencontrez. Vous savez communiquer, tout particulièrement de façon orale, avez une bonne capacité d'écoute, vous savez aussi vous mettre à la place d'autrui : vous pouvez être sûr qu'on n'hésitera pas à vous recruter pour faire partie d'une équipe, enseigner ou vous occuper d'autres personnes. À condition toutefois que vous soyez parvenu par vos études à vous doter d'une qualification professionnelle dans le domaine où vous allez exercer. Le goût du travail en équipe (pour peu que l'harmonie y règne, que les relations y soient positives, chaleureuses même) est l'un de vos traits caractéristiques.

Cette attitude très directe, le fait que vous « sentiez » si bien les autres, les compreniez très vite, est le plus grand atout des personnels sociaux (tous les métiers qui supposent une relation d'aide avec les personnes), des professeurs et animateurs (et tous les métiers de l'éducation en général), mais aussi de la plupart des professions sociales et juridiques.

Le profil social est également très attiré par des secteurs professionnels tels que le tourisme et les loisirs (en tant qu'animateur, accompagnateur, conseiller, personnel d'accueil...). Ces traits de personnalité vous mettent également en bonne position pour travailler dans les ressources humaines, le marketing. Ils peuvent aussi conduire à des métiers médicaux, paramédicaux, à ceux de la psychologie, de la sociologie et à nombre d'emplois administratifs.

Plus que tout autre, si vous êtes porteur de ce profil, vous êtes capable d'apprendre par « imitation » : vous rapprocher des personnes qui font ce que vous aimeriez faire, comprendre leur mode de fonctionnement, leur façon de faire, est pour vous une réelle façon de vous former. Nul doute que, lorsque vous serez placé devant un jury ou un recruteur qui évalue votre motivation, vous trouverez spontanément l'attitude « utile » pour être recruté.

**1. Le profil SR (social-réaliste).** À la fois très douées pour le relationnel, la relation d'aide ou de conseil et par le besoin de faire, d'agir, refusant de s'enfermer dans la réflexion mais préférant la voir déboucher sur des décisions ou des réalisations concrètes, les personnes de profil SR sont nombreuses à

| À savoir | Profil social dominant : comment choisir vos études supérieures? |
|---|---|

Pour être bien motivées par leurs études, les personnes à profil social dominant ont besoin de les choisir après avoir préalablement identifié les professions auxquelles elles désirent accéder à leur issue. Elles seront naturellement portées à vouloir entrer dans une carrière qui leur permettra de jouer un rôle d'animation d'équipe, de conseiller, de consultant, d'enseignant, ou correspondant à une mission de service où le relationnel a une part importante.

**Beaucoup d'entre elles choisissent d'ailleurs des études conseillées par les adultes** qui les entourent (parents, professeurs, conseillers d'orientation...). Rien d'étonnant à cela : il est souvent dans la nature des personnes à profil social dominant d'aller dans ce sens, plutôt que de s'y opposer comme le font volontiers les personnes à profil artiste, par exemple. Logique : les personnes à profil social dominant ont une forte tendance à rechercher l'harmonie, l'accord avec les autres; elles ont donc beaucoup de mal à s'inscrire dans des logiques d'opposition. Cette proximité avec les autres n'est pas sans danger : très sensibles à l'ambiance, au climat relationnel, à l'amitié, la plupart des élèves à profil social dominant prennent des distances avec l'esprit de compétition scolaire. Or, l'accès à nombre de filières supérieures permettant de se préparer aux carrières sociales ou à celles de l'enseignement, auxquelles elles aspirent, est marqué par la sélection (concours d'entrée dans les écoles d'assistanat social, d'éducation, concours de recrutement des personnels enseignant, etc.).

**Un gros avantage à signaler :** le nombre de filières d'études supérieures permettant d'accéder à des carrières sociales ou de l'enseignement est considérable; c'est notamment le cas des carrières de l'enseignement qui sont accessibles au terme d'études supérieures extrêmement diverses, aussi bien générales que techniques et professionnelles. Par extension, les personnes à profil social se montrent également attirées par les études en droit, en psychologie... qui sont autant de filières permettant d'aller vers des professions caractérisées par une part importante de relationnel. Cela peut même aller jusqu'à des études pluridisciplinaires, comme celles dispensées en AES (administration économique et sociale), à l'université.

**Pour peu que le pôle entreprenant** fasse partie de votre profil, vous pourrez même envisager des études en grande école de commerce et

**de gestion pour accéder à des carrières dans les ressources humaines, la communication, le marketing, voire la grande distribution... Certes, classe préparatoire et grande école de commerce et de gestion pourraient vous effrayer par l'esprit de compétition qui y règne (surtout en classe préparatoire), mais sachez que vous y trouverez aussi entraide et soutien par les équipes enseignantes, et que l'ambiance y est bonne dans la plupart des cas. Ce n'est donc pas parce que vous êtes « social » que vous n'avez pas votre place dans ce genre d'études.**

être attirées par les professions médicales et paramédicales. Conseiller technique ou assistant, aide-animateur ou animateur, moniteur, éducateur... sont des métiers qui intéressent tout particulièrement les personnes dotées d'un tel profil.

- **Avec un profil SRE (social-réaliste-entreprenant) ou SRA (social-réaliste-artiste),** les métiers de téléconseiller, consultant informatique, mais aussi de masseur-kinésithérapeute ou d'infirmier vous tendent les bras.

- **Le profil SRI (social-réaliste-investigateur)** favorise la poursuite d'une spécialisation scientifique avec la perspective de pouvoir exercer un métier caractérisé par des responsabilités très concrètes : anesthésistes, experts informaticiens, géomètres.

- **Les personnes ayant le profil SRC (social-réaliste-conventionnel)** tendront vers des métiers réclamant moins d'autonomie mais nécessitant un sens pratique très développé. Elles pourront travailler comme assistant dans les laboratoires, dans la police, dans les établissements de santé ou comme personnel de la restauration, mais aussi comme infirmier et dans diverses autres professions paramédicales.

**2. Le profil SI (social-investigateur).** Voilà un profil de spécialistes, ouverts sur le monde et les autres, capables d'opter pour des études avec l'intention de mettre leur savoir au service d'autrui. Ceux qui ont ce profil sont souvent attirés par les métiers de la psychologie, de l'enseignement et de la formation, du conseil, des ressources humaines ainsi que par les métiers sociaux et paramédicaux.

• **Le profil SIR (social-investigateur-réaliste).** Le pôle investigateur implique d'être porteur d'une spécialisation forte. Cela peut passer par des études courtes et concrètes (de type BTS, DUT, écoles spécialisées) et conduire à des métiers tels que psychomotricien, puériculteur et autres professions paramédicales ou sociales.

• **Les porteurs du profil SIC (social-investigateur-conventionnel)** seront plutôt incités à faire des études plus longues et plus théoriques et se dirigeront volontiers vers des carrières médicales ou les ressources humaines.

• **Quant au détenteur du profil SIE (social-investigateur-entreprenant),** également porté à faire des études longues, il travaillera volontiers dans un cadre autonome et sera plus particulièrement attiré par la recherche en laboratoire, les métiers de la psychologie ou par l'action sociale.

**3. Le profil SA (social-artiste).** Les porteurs de ce profil auront tendance à préférer apprendre de façon concrète, par le contact, la pratique accompagnée, plutôt que de façon théorique. La poursuite d'études devra être très motivée pour les intéresser et ils n'auront pas intérêt à rechercher des spécialités étroites. L'activité qui leur correspond le mieux est l'enseignement des langues ou du français langue étrangère. Mais ils peuvent aussi opter pour l'animation, la médiation culturelle et, pour les plus pragmatiques, l'animation commerciale.

• **Avec un profil SAI (social-artiste-investigateur),** on peut être porté par l'idée que notre langage est un instrument des plus précieux, puisque c'est lui qui nous permet de communiquer. Des métiers comme orthophoniste, bibliothécaire multimédias et autres, qui supposent un important degré de communication, peuvent vous intéresser.

• **Le profil SAC (social-artiste-conventionnel).** Si vous tempérez votre côté créatif, vous pourrez opter pour un service aux entreprises du type marketing.

• **Si vous avez un profil SAR (social-artiste-réaliste),** c'est que vous aimez avoir un rapport assez concret avec le monde. Vous pourrez envisager de devenir *merchandiser*, ingénieur agroalimentaire, agronome ou pharmaceutique… ou tendre vers tout autre métier qui vous permette de mettre vos compétences au service des entreprises qui conçoivent, produisent ou distribuent des produits essentiels à l'homme.

**4. Le profil SE (social-entreprenant).** Les personnes caractérisées par le profil SE aiment le relationnel et ont tendance à vouloir aider les autres de façon spontanée. Dotées d'une réelle autorité naturelle, voire charismatiques, elles sont capables de prendre des décisions (elles ne sont pas du genre à rester trop longtemps dans la réflexion) et savent mener des projets jusqu'au bout. Tous les techniciens et personnels travaillant dans le social, les professionnels des administrations en contact avec le public, ceux qui exercent dans les ressources humaines ou certains métiers commerciaux et de l'hôtellerie... peuvent avoir ce profil SE. Du gendarme au chauffeur de taxi (profil SER, social-entreprenant-réaliste), du conseiller d'éducation au directeur d'hypermarché, le profil SE est le signe de personnes ayant de l'autorité et une certaine aptitude au commandement, mais compréhensives et ouvertes aux autres.

- **Les personnes caractérisées par le profil SEA (social-entreprenant-artiste)** seront naturellement à l'aise dans des fonctions peu balisées : animateur, professeur des écoles, éducateur spécialisé, conseiller d'éducation, directeur d'hypermarché...

- **Le profil SEI (social-entreprenant-investigateur)** caractérise souvent des personnes plus spécialisées, s'occupant d'aide sociale à tous les niveaux, et même les responsables de services des ressources humaines ou du marketing, qui sont tenues de porter une très grande attention aux autres (personnel, clients...).

- **Un profil SEC (social-entreprenant-conventionnel)** se retrouve chez des personnes à qui l'on demande une grande rigueur, une attention de tous les instants : surveillants d'établissements scolaires ou pénitenciers, assistantes sociales, professionnels de l'Éducation nationale, chargés d'affaires, recruteurs, chasseurs de tête, documentalistes, bibliothécaires...

**5. Le profil SC (social-conventionnel).** Les personnes de ce profil sont soucieuses de se doter d'un environnement sécurisant. Capables d'anticipation, de planification, de respect des directives et règlements et soucieuses de les faire respecter, elles sont particulièrement attirées, du fait de leur désir de mettre leurs compétences au service d'autrui, par les métiers de l'enseignement en primaire et en secondaire par exemple.

- **Avec un profil SCE (social-conventionnel-entreprenant),** on trouve des personnes qui exercent dans les ressources humaines : formateurs, recruteurs, chefs du personnel…

- **Un profil SCI (social-conventionnel-investigateur)** conduira le plus souvent vers l'exercice des métiers du droit, de la documentation et des bibliothèques…

- **Enfin, avec un profil SCA (social-conventionnel-artiste),** on aura fréquemment affaire à des professionnels du multimédia, d'Internet…

## VOTRE PÔLE DE COMPÉTENCES PRINCIPAL EST « E » COMME ENTREPRENANT

**Vous aimez décider, diriger, influencer les autres, vendre.** Vous êtes une personne dynamique, souvent charismatique, qui a besoin d'agir, de prendre des responsabilités, des risques (mais pas inconsidérément : ils sont presque toujours calculés). Vous décidez vous-même des actions à entreprendre, quitte à vous entourer d'avis avant de le faire. Mais l'hésitation n'est certainement pas votre trait caractéristique.

Vous avez l'intention (ou l'habitude) de faire beaucoup de choses par vous-même et on pourrait presque vous reprocher de ne pas assez déléguer. Prendre le *leadership*, réussir, être compétitif, en un mot « gagner », sont pour vous des objectifs particulièrement motivants. Les situations où il faut se battre, bouger, voyager vous conviennent tout à fait, alors que l'inertie, la lenteur vous pèsent toujours. Ambitieux, vous n'aimez pas, mais alors pas du tout, échouer. D'ailleurs, vous êtes parfois assez méprisant à l'encontre de ceux que vous qualifiez volontiers de *looser* : les fonctionnaires, les chômeurs…

Vous avez une bonne capacité à convaincre les autres, à les entraîner dans vos projets et, pour parvenir à vos fins, vous savez user d'un certain capital de séduction dont vous avez parfois tendance à abuser. Vous savez négocier, vendre. Rien ne vous fait plus plaisir que de parvenir à convaincre autrui de faire ce que vous voulez qu'il fasse. Pour y parvenir, vous ne comptez pas uniquement sur votre charisme et votre enthousiasme : vous êtes bien organisé et faites tout ce que vous pouvez pour ne pas être surpris, si bien qu'on peut dire que vous êtes doté d'une certaine capacité d'anticipation.

Rien d'étonnant à ce que les personnes dotées d'un tel profil se retrouvent souvent dans le monde de l'entreprise. On les rencontre dans l'exercice des professions commerciales, du management, de la gestion des ressources humaines, mais également dans l'éducation (notamment en tant qu'inspecteur ou chef d'établissement, mais aussi comme enseignant, motivé par un positionnement hiérarchique par rapport à ses collègues...), etc.

**1. Le profil ER (entreprenant-réaliste).** Ce profil est bien souvent celui des personnes qui savent tout faire (ou presque), qui trouvent des solutions pratiques à nombre de problèmes. Elles sont à la fois autonomes, dynamiques et concrètes.

• **Avec un profil ERS (entreprenant-réaliste-social),** vous pouvez être attiré par des métiers tels que chef de chantier, responsable d'un club ou d'une association sportive, directeur d'un club de tourisme, gestionnaire de site Internet... Diriger une activité vous intéresse beaucoup, à condition toutefois que cette activité soit utile aux entreprises ou aux personnes. Ainsi, gérer un restaurant, un club ou une salle de sport, un centre de loisirs ou de tourisme... vous tente particulièrement.

• **Avec un profil ERC (entreprenant-réaliste-conventionnel),** on peut envisager les métiers de l'audit, de l'expertise comptable ou encore de gérer un garage.

• **Le profil ERA (entreprenant-réaliste-artiste)** conduira vers les métiers de chargé de promotion ou ceux de la vente.

• **Enfin, le profil ERI (entreprenant-réaliste-investigateur)** prédisposera aux métiers de l'aéronautique, de l'acoustique, de l'informatique...

**2. Le profil EI (entreprenant-investigateur).** Action plus réflexion : ces deux traits de caractère font des personnes ayant le profil EI des êtres ambitieux, dynamiques, soucieux de « bouger », résolus, actifs, déterminés. Ces personnalités fortes aiment diriger les autres, ou pour le moins convaincre, exercer un ascendant sur ceux qui travaillent avec eux et autour d'eux. On les retrouve en nombre dans les métiers du droit, de la police, des douanes, du journalisme, de la représentation commerciale, de la vente export. Ils exercent aussi la profession d'acheteur, de chargé d'affaires immobilières ou de concessionnaire automobile.

• **Avec un troisième pôle réaliste (profil EIR, entreprenant-investigateur-réaliste),** on aura souvent affaire à des ingénieurs, mais aussi à des journalistes, des spécialistes de management culturel, des viticulteurs, des métreurs...

**3. Le profil EA (entreprenant-artiste).** Sous ces deux pôles de compétences sont réunies des personnes qui savent créer les conditions de leur emploi sans forcément être attirées par des études très longues. Ces personnes sont en effet nombreuses à penser que l'expérience est plus utile que l'acquisition de connaissances. Très actives, elles n'ont aucun mal à prendre des décisions... parfois de façon un peu trop hâtive. Normal : elles sont plus souvent guidées par leurs passions, voire leurs pulsions, que par la raison. Très enthousiastes, elles ont une réelle autorité, voire un certain charisme, dont elles usent pour entraîner les autres dans leur sillage.

• **Le profil EAS (entreprenant-artiste-social).** Un métier nouveau mais très autonome (webmaster) présente toutes les caractéristiques pour plaire à ceux qui ont un profil EAS. Ces personnes ont une très bonne aptitude à s'intégrer dans une entreprise. C'est le cas notamment de ceux qui exercent dans le secteur de l'hôtellerie et du tourisme. Nous citerons aussi des « métiers passion » tels que commentateur sportif, disc-jockey, etc.

**4. Le profil ES (entreprenant-social).** Avoir à la fois de la présence, de l'autorité et une bonne capacité à communiquer et à comprendre son interlocuteur n'est pas donné à tout le monde. C'est cependant le cas de la plupart des personnes ayant le profil ES.

• **Un profil ESA (entreprenant-social-artiste)** correspond à des personnes intuitives, souples et inventives qui donnent généralement de bons négociateurs. On les trouvera donc naturellement dans les métiers commerciaux, dans la

**À savoir** **Combiner un pôle dominant entreprenant et des études supérieures longues ou courtes**

Les personnes à profil entreprenant dominant sont fréquemment caractérisées par le fait d'être porteuses d'une autorité naturelle et d'être sûres d'elles. Ces qualités peuvent se combiner avec des études supérieures courtes ou longues.

**Objectif : diriger.** Les personnes à profil entreprenant dominant étant souvent attirées par des professions où elles pourront commander, diriger d'autres personnes, ont intérêt à viser les classes préparatoires aux grandes écoles. Elles mettront à profit l'esprit de compétition qui y règne pour se préparer à l'appliquer ultérieurement dans la vie professionnelle.

**Avec un profil ESA (entreprenant-social-artiste),** on peut tout autant devenir avocat que vendeur indépendant. Des qualités de dynamisme, accompagnées de bonnes capacités relationnelles peuvent aussi bien se combiner dans des études courtes que longues, mais ces personnalités ne se révéleront entièrement qu'une fois rejointe la vie professionnelle.

**Tenter des études longues** n'est donc pas pour les ES quelque chose allant de soi. Certains vivront même une telle perspective comme une contrainte peu supportable. Et pourtant, si les personnes de ce profil enclenchent la dynamique des études supérieures, elles y acquerront à la fois une rapidité d'esprit et un esprit de compétition... Toutes choses fort utiles quand on prétend bien réussir.

Et si viser les grandes écoles en passant par les classes préparatoires vous rebute, sachez que vous pourrez vous présenter, dès l'année du bac, à des concours d'entrée dans certaines grandes écoles (à recrutement niveau bac), ou encore y accéder *via* un BTS ou DUT, par les procédures d'admission parallèle.

communication, le tourisme, le *lobbying*… Des métiers qui permettent de « bouger », très relationnels, requérant un esprit relativement autonome.

**5. Le profil EC (entreprenant-conventionnel).** Les EC sont souvent directifs, parfois même d'esprit rigide. Ayant du mal à déléguer, à travailler en équipe, ils visent plutôt des métiers où leur autorité peut s'exprimer dans un cadre et dans des conditions sécurisants. On les verra s'orienter vers des métiers de la gestion, de l'administration des organisations, aussi bien dans l'univers des entreprises que dans celui de la fonction publique.

• **Avec un profil ECS (entreprenant-conventionnel-social),** on intégrera une grande société dans laquelle on ira volontiers vers le contrôle de gestion.

• **Avec le profil ECR (entreprenant-conventionnel-réaliste),** on exercera plutôt en tant que professionnel libéral, dans l'expertise comptable et le commissariat aux comptes, l'audit, voire les divers métiers de consultant.

• **Ceux qui sont porteurs d'un profil ECI (entreprenant-conventionnel-investigateur)** se tourneront plus vers des métiers qui supposent créativité, autonomie (journaliste reporter d'images, directeur de salle de spectacle...).

## VOTRE PÔLE DE COMPÉTENCES PRINCIPAL EST « C » COMME CONVENTIONNEL

**Vous organisez, planifiez, classez, structurez, réglementez.** Une personne de type conventionnel est généralement calme, ordonnée et posée. Respectueuse de la hiérarchie, se soumettant volontiers à l'autorité de ses supérieurs, elle a la réputation souvent justifiée d'être discrète, digne de confiance, consciencieuse, perfectionniste. Si vous observez son bureau, vous serez sans doute impressionné par l'ordre qui y règne. Il en va très probablement de même dans sa vie privée. Elle apprécie le travail organisé et fonctionnel, aime la rigueur, comprend et sait respecter les règles et les procédures, est très méthodique. Ponctuelle, travaillant de manière ordonnée et systématique, elle peut développer une mémoire importante dans les domaines qui l'intéressent. Elle sait aussi faire respecter et appliquer les règles. Elle se coule relativement facilement dans le moule des études, parfois même jusqu'à ne pas savoir du tout quelles sont les disciplines qu'elle préfère, tant elle s'intéresse à beaucoup de choses.

Sa conception de la vie la conduit à se tourner vers une orientation où elle bénéficiera d'un salaire régulier, d'une place bien précise, pour pouvoir mener une vie professionnelle (et sans doute personnelle) somme toute traditionnelle, voire conventionnelle. Ces traits de caractère l'écartent de

| À savoir | Avec quelles études supérieures combiner le profil conventionnel dominant? |
|---|---|

Le plus souvent, les personnes à profil conventionnel dominant sont dotées d'une forte capacité d'adaptation. Elles sont un peu caméléons, en ce sens qu'elles s'adaptent facilement à l'environnement dans lequel elles évoluent. On peut toutefois leur reprocher de manquer parfois de personnalité, d'avoir du mal à prendre des décisions, d'avoir tendance à aller vers ce qu'elles connaissent déjà, plutôt que vers des choses ou des gens nouveaux...

La peur de l'inconnu, le saut dans un avenir moins cadré que l'école, les rend particulièrement hésitantes au moment des choix. Ainsi, les élèves de terminale à profil dominant conventionnel ont souvent du mal à choisir leur voie d'études supérieures et encore plus à y voir clair en termes de préprojet professionnel, les deux hésitations étant évidemment liées.

**L'avenir les inquiète** et c'est ce qui nous conduit à leur recommander d'opter pour des études supérieures offrant des débouchés sûrs. Ayant besoin de baliser leur futur, les personnes ayant ce pôle conventionnel dominant s'efforcent de « regarder devant, de prévoir leur avenir ». Elles auront donc intérêt à choisir des études qui leur donnent le sentiment d'avoir de sérieuses chances de réussir, non seulement scolairement, mais aussi, à terme, professionnellement. Le droit et la comptabilité s'avèrent souvent très bien convenir à leur personnalité rigoureuse. Elles le découvriront le plus souvent après un premier cycle d'enseignement général (en classe préparatoire ou à l'université), mais peuvent aussi opter pour une filière professionnelle courte de type BTS/DUT.

tout métier où l'intuition, l'à-peu-près, la créativité, les aléas, un risque important... ont un fort impact. Inversement, les personnes ayant un tel profil sont attirées par tous les métiers pour lesquels l'organisation est essentielle : tenir des dossiers à jour, faire du classement, calculer, etc.

De ce fait, des domaines d'études et professionnels tels que le droit (le goût du respect de la loi), la gestion comptable, les ressources humaines, l'informatique, la banque et la finance, l'immobilier, l'armée, l'inspection des impôts ou du travail leur conviennent bien.

**1. Le profil CR (conventionnel-réaliste).** Travailleurs, spécialisés, ayant le sens de l'organisation, du suivi des sujets qu'ils traitent, du sérieux, de la rigueur, de la méticulosité même, les détenteurs de ce profil donnent beaucoup dans les carrières scientifiques. On les trouve aussi dans les métiers d'agents des impôts (côté chiffres), de la statistique, mais aussi dans des domaines totalement littéraires comme la traduction, la documentation…

• **Le profil CRS (conventionnel-réaliste-social)** les rend apte à intégrer une équipe fonctionnelle au sein d'une entreprise. On rencontrera parmi eux des professionnels ayant le goût des chiffres, donnant de bons comptables, trésoriers d'entreprise, analystes financiers, spécialistes de l'actuariat, gestionnaires de paie… On peut aussi trouver certains profils plus littéraires donnant des documentalistes, greffiers, archivistes…

**2. Le profil CI (conventionnel-investigateur)** est confronté à une difficulté particulière : choisir son domaine d'études. Puisqu'*a priori*, il aime apprendre beaucoup de choses, il a du mal à entrer dans une logique de spécialisation. En revanche ce profil correspond aux critères qui font les étudiants sérieux et motivés : ceux qui sont appelés à réussir. Soucieux de travailler dans une organisation solide, aimant les directives précises, ils sont rigoureux, fiables, respectueux de la hiérarchie. Le pôle investigateur qui les caractérise également fait d'eux des êtres qui aiment bien réfléchir avant d'agir, qui ont un peu tendance à « couper les cheveux en quatre », qui ont un problème pour passer aux actes. Cette caractéristique contrarie leurs potentialités d'être des « chefs » ; ils se positionnent mieux dans l'exécution que dans la direction.

Pragmatiques, ces personnes pourront mettre leurs qualités au service de métiers comme ceux de la comptabilité, de la banque-finance, de la gestion ou du commerce… Un savoir scientifique n'amènera vraisemblablement pas un conventionnel vers la production mais peut l'orienter vers les métiers de la sécurité, de la prévention des risques, de la recherche aussi.

**3. Le profil CA (conventionnel-artiste).** Un profil plutôt rare, ces deux pôles n'étant pas fréquemment réunis. Il n'existe donc pas de métier parfaitement identifiable, si bien que les profils CA se retrouvent dans des professions très diverses : commerce, gestion, conseil en organisation, enseignement…

**4. Le profil CS (conventionnel-social).** Les détenteurs d'un tel profil aiment travailler dans une structure bien organisée, répondre à des objectifs précis, être entourés de personnes compétentes. Être placés au sein d'une hiérarchie et devoir rendre compte à leurs supérieurs ne les dérange nullement. Aimant l'ordre, ils ne sont pas du genre à oublier un rendez-vous ou à être en retard à une réunion. Grâce à leur pôle social, ils sont attentifs aux autres, soucieux de travailler en équipe et/ou par délégation. Les métiers de l'armée, de la police, du secrétariat, de la comptabilité, de l'accueil-réception dans l'hôtellerie et le tourisme, les clercs de notaire, rédacteurs des assurances et bien d'autres encore correspondent bien au profil CS, qui donne des professionnels sérieux, organisés, rigoureux, aux compétences adaptables à de nombreux secteurs d'activité.

• **Avec le profil CSR (conventionnel-social-réaliste),** vous pouvez envisager un métier d'assistant d'édition, qui correspond également à une activité demandant de l'organisation et de la rigueur, mais qui nécessite en outre des qualités relationnelles, de la souplesse, ainsi qu'une certaine pugnacité pour mener un projet jusqu'à son terme.

**5. Le profil CE (conventionnel-entreprenant).** Les profils CE aiment être maîtres de leur travail et autonomes, tout en se sentant à l'aise dans un cadre bien déterminé. Ils sont fréquemment assistant de direction, rédacteur territorial... On les retrouve aussi dans les métiers du droit, de la finance où ils sont à même d'accéder à des emplois de fiscaliste, de directeur financier, d'inspecteur du travail ou des impôts. Une formation littéraire peut les conduire au métier de correcteur de presse. On en trouve même qui deviennent chef cuisinier, ce métier demandant un grand sens de l'organisation, une capacité d'initiative, une aptitude au commandement, une attention constante aux personnes (clients, personnels de cuisine...).

## L'HEXAGONE DES SIX COMPÉTENCES

Le dessin géométrique qui suit vous présente schématiquement les six pôles de compétences auxquels renvoie le test RIASEC. Pourquoi six pôles de compétences, et non pas quatre ou dix ? Parce que les interactions obtenues par combinaison de ces six pôles sont suffisamment nombreuses pour permettre de se faire une bonne idée du potentiel professionnel d'un élève ou étudiant.

**L'hexagone des six compétences**

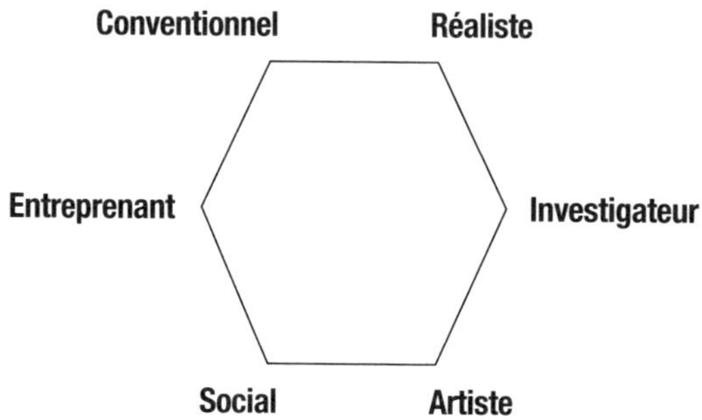


Comme on l'a vu, chaque pôle principal est associé à un pôle secondaire. Par exemple, pour le pôle C (conventionnel), on associe cinq couplages : CR, CI, CA, CS, CE. Au total, cela fait 30 profils pôle primaire-pôle secondaire. Mais il est encore possible, pour procéder à une étude plus fine, d'associer à chaque couplage, des pôles tertiaires : par exemple, pour le profil couplage CR, on aura les profils CRI, CRA, CRS, CRE. En tout, 120 combinaisons sont possibles.

Si on ne tient pas compte des quatrième, cinquième et sixième pôles, c'est qu'ils sont accessoires : ils ne peuvent être des pôles significativement constitutifs du profil de compétences d'une personne. La réalité du ou des métiers pourra suffisamment être comprise par la mise en évidence des pôles de compétences premier, deuxième et troisième. Cela suffit pour se poser les bonnes questions, et donc mieux s'orienter.

**Avez-vous un profil de compétences fort fait de trois pôles voisins sur l'hexagone ?**

Sur l'hexagone qui suit, portez les trois pôles de compétences qui vous caractérisent. Vous pouvez ainsi visualiser votre profil. Certains d'entre vous se trouveront dans le cas de pôles strictement voisins (par exemple, si vous êtes profil CER), d'autres présenteront un profil fait de pôles éloignés : le profil CSI par exemple est strictement non voisin, et le profil CSA est partiellement non voisin.

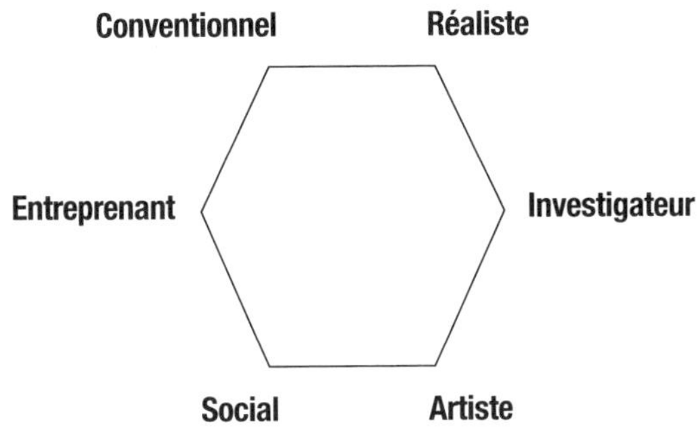


Le fait d'avoir un profil correspondant à trois pôles voisins (CER, RCE, ECR, CRE, SAI, RIA, etc.) est le signe que ces trois pôles se renforcent l'un et l'autre. Les personnes présentant cette particularité sont généralement harmonieuses, équilibrées, volontaires, déterminées, souvent capables de choix clairs. Les pôles voisins correspondent à des compétences qui s'épaulent, s'enrichissent mutuellement. Leur coalition est un indéniable atout.

Ces traits de caractère s'appliquent évidemment à ceux qui sont portés par la combinaison des trois pôles qui caractérise chacun d'entre vous. Ainsi, par exemple, si vous êtes de profil ASE, nous vous renvoyons, dans les pages précédentes, à ce que nous avons écrit sur le profil AS (du fait de vos deux pôles dominants) et ASE (en prenant en compte votre troisième pôle de compétences).

**Avez-vous un profil de compétences sans aucun pôle voisin ? Si oui, on est en présence de combinaisons tranchées : le tout « études » ou le tout « expérience ».** Il existe 12 combinaisons présentant trois pôles de compétences strictement non voisins : CIS, CSI, ISC, ICS, SIC, SCI, RAE, REA, ARE, AER, ERA, EAR. Toute autre combinaison présente au moins deux pôles voisins (CRA par exemple). Ces profils sont relativement rares, mais existent. Certains lecteurs peuvent le constater. Des profils particuliers, correspondant à des personnalités tranchées, qui sont porteuses de combinaisons qui empêchent les six profils CSI de quitter les études, tandis que les six profils RAE sont au contraire incités à les interrompre !

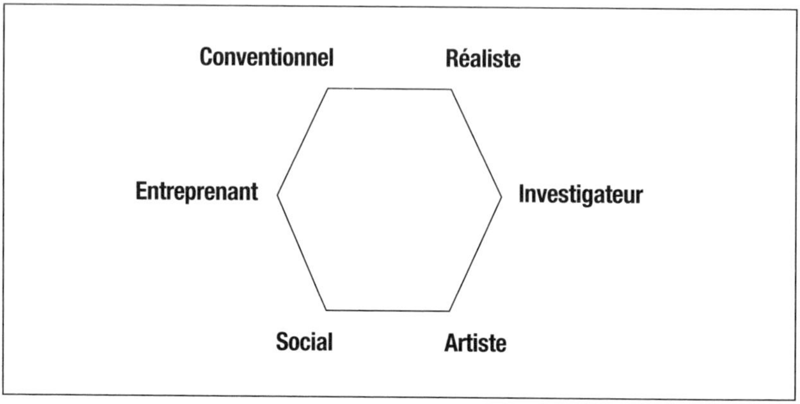


Les personnes porteuses d'une des six combinaisons autour des lettres CSI sont souvent dans l'hésitation, ressentent une certaine difficulté à passer aux actes, à prendre des décisions et préfèrent la réflexion à l'action. Elles mettent une grande part de leur confiance dans leurs études.

Les personnes porteuses d'une des six combinaisons autour des lettres RAE sont au contraire très autonomes, actives, créatives, ont du mal à supporter les limites ainsi que les contraintes des études et de la vie active.

Là encore, comme dans le cas précédent, ces traits de caractère généraux doivent être appliqués aux secteurs professionnels indiqués dans les pages consacrées au profil qui vous concerne.

**Avez-vous un profil de compétences comprenant deux pôles voisins et un pôle opposé sur l'hexagone ?** En position intermédiaire entre les deux cas précédents (personnes à pôles de compétences strictement voisins, ou personnes à pôles de compétences strictement opposés), il y a les nombreux cas de personnes ayant deux pôles voisins et un pôle opposé.

Prenons l'exemple d'une personne qui présente le profil CRS : sur l'hexagone, on voit bien que deux de ces pôles sont voisins (C comme conventionnel et R comme réaliste), le troisième (S comme social) étant situé à l'opposé. 72 profils correspondent à ce cas de figure, qui est donc statistiquement le plus fréquent des trois que nous avons présentés dans ces pages.

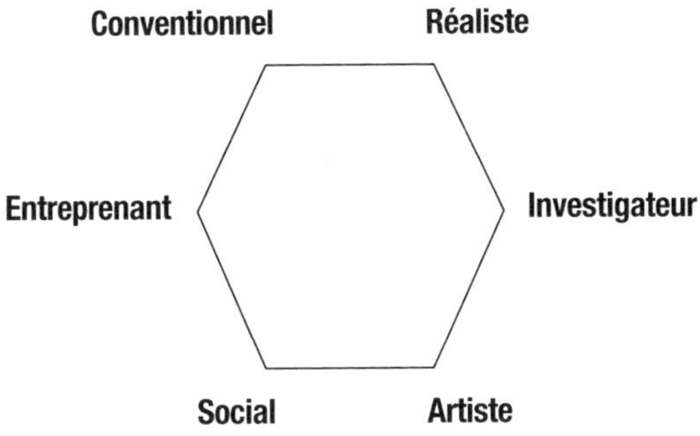


Ces personnes doivent faire coexister des pôles de compétences qui sont antagonistes. Elles auront parfois du mal à gérer ces contradictions, les pôles antagonistes étant les pôles réaliste-social, artiste-conventionnel et investigateur-entreprenant. Une personne vraiment « réaliste », concentrée sur la réalisation d'un projet, aura plus de mal que toute autre à communiquer, à être relationnelle. Une personne vraiment « artiste » trouve sa créativité dans l'absence de limites, et sera d'autant moins créative qu'elle se soumettra aux limites que respectent les personnes conventionnelles. Une personne vraiment « entreprenante » est une personne active, qui aura du mal à s'imposer des études longues, ce qu'une personne à profil « investigateur » fera sans problème. Avoir deux pôles antagonistes c'est donc essayer de faire coexister des compétences qui ne se renforcent pas l'une l'autre.

PARTIE 3

# Pour quelles études supérieures êtes-vous fait ?

[N]ous avons franchi les deux premières étapes de votre travail d'élaboration de votre projet d'orientation : celle qui vous a conduit à faire votre bilan personnel, puis celle qui vous a aidé à définir votre projet professionnel. C'est important, mais cela est évidemment loin de suffire. Il faut désormais nous attaquer à la troisième étape de votre travail d'élaboration de votre projet d'orientation, en commençant par vous proposer de vous soumettre à un test simple, visant à découvrir pour quelle(s) grande(s) voie(s) d'études supérieures vous êtes plus particulièrement fait ? Nous poursuivrons par la présentation détaillée de chacune de ces grandes voies.

## Sommaire

# Le test

À ce stade de votre réflexion, nous nous proposons de vous aider à répondre à une importante question concernant votre projet d'orientation : pour quelle grande voie d'études supérieures êtes-vous fait ? En tant qu'élève de terminale, vous avez le choix entre les premiers cycles universitaires licence, les CPGE (classes préparatoires aux grandes écoles), les grandes écoles à recrutement niveau bac et les études professionnelles courtes de type IUT/BTS/écoles spécialisées.

Pour trouver la réponse à cette question cruciale, nous vous invitons à vous soumettre à un test composé de 44 questions. Pour être simple, ce test n'en est pas moins rigoureux : il a été validé par deux professionnels. Il a pour but de dégager quatre grandes familles de « portraits-robots », correspondant à chacune des quatre grandes voies d'études supérieures qui s'offrent à vous et que nous vous présenterons en détail dans le chapitre suivant.

**Quelques conseils avant de vous lancer.** Photocopiez ce test et répondez aux questions sur cette photocopie, ceci afin de vous permettre d'y revenir une autre fois si vous le désirez. Pour exprimer une réponse, entourez la lettre correspondant à votre choix : par exemple, pour la question 1, si vous choisissez la réponse « seul, dans un chalet à la montagne », vous entourez la lettre « a » placée devant cette proposition de réponse.

Ne répondez qu'une fois par question : même si vous hésitez entre deux réponses, vous devez n'en choisir qu'une.

Répondez à toutes les questions sans en omettre une seule. Si aucune des réponses proposées pour une question ne vous convient vraiment, efforcez-vous d'y répondre quand même : ne pas le faire reviendrait à fausser le résultat. À défaut de trouver la réponse qui vous correspond le plus, vous pouvez retenir celle que vous rejetez le moins (par exemple, si aucun des quatre métiers proposés en réponse à la question 24 ne vous convient, choisissez celui qui vous déplairait le moins, faute de mieux en quelque sorte).

**Tout est clair ? Alors, allons-y !**

**1. L'idéal à vos yeux pour bien réviser le bac :**

a - seul, dans un chalet à la montagne ;
b - en groupe, avec des copains motivés ;
c - au lycée, avec l'aide de mes professeurs ;
d - seul, chez moi, avec des cours particuliers.

**2. La phrase qui, selon vous, caractérise le mieux le baccalauréat :**

a - avec une mention, sinon rien ;
b - avec, on n'est pas grand-chose, sans, on n'est rien ;
c - c'est un passage obligé.

**3. Vous réussissez votre bac avec 10,1 de moyenne :**

a - vous entrez dans l'enseignement supérieur ;
b - vous redoublez volontairement pour faire mieux l'an prochain.

**4. Vous réussissez votre bac avec mention bien :**

a - aucune importance ;
b - ça me fait très plaisir ;
c - ça va faire plaisir à mes parents ;
d - ça va faire plaisir à mes professeurs.

**5. Vous ratez le bac :**

a - tant mieux car je ne savais pas quelles études choisir ;
b - c'est mieux que de réussir très moyennement ;
c - il va falloir que je m'y mette sérieusement.

**6. Un élève de votre classe réussit le bac avec mention très bien :**

a - que de sacrifices pour en arriver là !
b - c'est une récompense méritée ;
c - le plus important c'est d'avoir son bac, avec ou sans mention.

**7. Au lycée, vous aimez surtout :**

a - faire des exposés ;
b - les dissertations ;

c - les enseignements généraux ;
d - les enseignements techniques ou professionnels.

**8. Au lycée, vous détestez surtout :**
a - ne pas être libre de choisir les cours qui vous intéressent ;
b - la faiblesse de l'esprit de compétition ;
c - le trop-plein d'enseignements théoriques ;
d - l'encadrement de tous les instants.

**9. Pour vous, un bon lycée c'est un établissement :**
a - qui a de bons résultats au bac ;
b - où les professeurs ont le sens du travail en équipe ;
c - où les professeurs sont exigeants ;
d - où il y a plein de choses à faire en dehors des cours (dans le lycée).

**10. Pour vous, un bon professeur c'est un enseignant :**
a - à l'écoute de chaque élève ;
b - exigeant ;
c - sympa ;
d - hautement compétent dans sa discipline.

**11. Le lycée :**
a - vous n'avez pas envie de le quitter ;
b - vous avez hâte de le quitter.

**12. Vous devez préparer un exposé :**
a - vous le faites seul ;
b - vous le faites et l'exposez avec quelques élèves de votre classe ;
c - vous détestez ce genre de travail et essayez d'en être dispensé.

**13. L'esprit de compétition :**
a - je déteste ;
b - j'adore ;
c - pourquoi pas ?

**14. La sélection à l'entrée de l'enseignement supérieur, vous êtes :**
a - absolument contre ;

b - plutôt contre ;
c - plutôt pour ;
d - tout à fait pour.

**15. Quand on vous parle de votre projet professionnel, vous dites :**
a - il n'y a pas le feu ;
b - il serait temps d'y penser ;
c - j'en ai une vague idée ;
d - j'en ai un et je n'en changerai probablement pas.

**16. Après le bac, vous pensez faire :**
a - 8 ans d'études supérieures au moins ;
b - 4 ou 5 ans d'études supérieures ;
c - 2 ou 3 ans d'études supérieures ;
c - je ne compte pas faire d'études supérieures.

**17. D'après vous, les deux premières années d'études supérieures c'est avant tout :**
a - une première étape avant de choisir des études professionnelles ;
b - suffisant ;
c - un commencement d'études professionnelles.

**18. Votre entrée dans la vie active, vous la voyez :**
a - dans la foulée du bac ;
b - après 2 ou 3 ans d'études supérieures ;
c - après 4 ou 5 ans d'études supérieures ;
d - pas avant 8 ans.

**19. Selon vous, 5 années d'études supérieures, c'est :**
a - un minimum ;
b - trop long ;
c - juste ce qu'il faut.

**20. Faire des stages en entreprise pendant ses études supérieures, ceci vous semble :**
a - indispensable ;
b - superflu ;
c - bien, mais l'essentiel est ailleurs.

**21. À vos yeux, il vaut mieux :**

a - souffrir un bon coup pour s'éclater ensuite ;
b - attaquer doucement, puis monter progressivement en puissance ;
c - faire les choses par étapes successives.

**22. Vous souhaitez faire des études supérieures permettant :**

a - des discussions entre étudiants, au café, pour refaire le monde ;
b - de déboucher aisément sur un emploi ;
c - de progresser par étapes ;
d - de bien gagner sa vie plus tard.

**23. Votre avenir professionnel, vous le voyez :**

a - dans l'administration ;
b - en entreprise ;
c - pour le moment, je ne le vois pas.

**24. Si vous deviez obligatoirement opter pour une des professions suivantes, laquelle choisiriez-vous ?**

a - enseignant ;
b - ingénieur ou cadre commercial ;
c - assistant des services sociaux ;
d - secrétaire.

**25. Vous détestez :**

a - la foule ;
b - l'esprit de compétition ;
c - la baisse du sens du mérite.

**26. Selon vous, une formation doit avoir :**

a - 35 élèves maximum ;
b - entre 35 et 250 élèves maximum ;
c - 500 élèves voire plus, ça ne vous fait pas peur.

**27. Le mot qui vous semble le mieux caractériser les études universitaires :**

a - autonomie ;
b - impasse ;
c - long ;

d - équilibre.

**28. Le mot qui vous semble le mieux caractériser les grandes écoles :**

a - emploi ;
b - long ;
c - élite ;
d - compétition.

**29. Le mot qui vous semble le mieux caractériser les classes préparatoires :**

a - élitisme ;
b - souffrance ;
c - encadrement ;
d - professionnalisation.

**30. Le mot ou l'expression qui vous semble le mieux caractériser les études de type BTS/DUT :**

a - professionnalisation ;
b - passerelle ;
c - spécialisation prématurée ;
d - second choix.

**31. Parmi les trois qualités suivantes, quelle est celle qui vous caractérise le mieux :**

a - le sens de l'effort ;
b - le sens du concret ;
c - la persévérance.

**32. Votre mot préféré :**

a - ambition ;
b - liberté ;
c - action.

**33. Le proverbe qui vous caractérise le mieux :**

a - « Un tiens vaut mieux que deux tu l'auras. » ;
b - « À cœur vaillant, rien d'impossible. » ;
c - « Qui veut voyager loin ménage sa monture. » ;
d - « Rien ne sert de courir, il faut partir à point. ».

**34. Vous préparez (ou avez obtenu) :**
a - un bac général ;
b - un bac technologique ;
c - un bac professionnel.

**35. Selon vous, les deux premières années d'études supérieures devraient :**
a - ne comporter que des enseignements généraux ;
b - être mixtes, mais avec une dominante d'enseignements professionnels ;
c - être mixtes, mais avec une dominante d'enseignements généraux.

**36. Le centre de documentation de votre lycée, vous vous y rendez :**
a - souvent ;
b - parfois ;
c - très peu ;
d - jamais.

**37. Redoubler la terminale, c'est :**
a - une seconde chance ;
b - une sanction normale quand on n'a pas assez travaillé ;
c - nul.

**38. Seul chez vous, au moment de commencer à travailler :**
a - vous n'avez pas de mal à vous y mettre ;
b - il vous faut un certain temps pour vous y mettre, mais quand c'est parti, c'est parti ;
c - vous avez beaucoup de mal à vous y mettre.

**39. Votre course à pieds préférée :**
a - le 100 mètres ;
b - le 1 500 mètres ;
c - le marathon ;
d - le relais 4 x 100 mètres.

**40. Vous êtes chez vous, en plein milieu d'un problème de maths ou d'une dissertation. Votre téléphone sonne :**
a - vous répondez et abandonnez votre travail tant que votre correspondant vous parle ;

b - vous répondez, demandez qu'on vous rappelle plus tard, et vous remettez immédiatement au travail ;
c - vous ne répondez pas : les boîtes vocales sont là pour ça.

**41. Vous avez déjà redoublé :**

a - jamais ;
b - une ou deux fois ;
c - trois fois ou plus.

**42. Un diplôme de niveau bac+3 pour vous, c'est :**

a - super ;
b - pas mal ;
c - tout à fait insuffisant.

**43. Un emploi du temps régulier, fixé par votre établissement :**

a - ça vous étouffe ;
b - ça vous rassure.

**44. Quand vous entendez l'expression « cours théoriques » :**

a - vous avez envie de vomir ;
b - vous pensez qu'il en faut, mais pas trop ;
c - vous les suivez avec plaisir.

**Le traitement de vos réponses.** Vous avez répondu à chacune des 44 questions posées (toutes sans exception, une seule réponse par question) ? Nous pouvons maintenant passer à la phase de traitement de vos réponses. Pour cela, nous allons vous demander de vous servir de la grille d'analyse présentée page suivante.

Nous vous rappelons que pour pouvoir procéder rigoureusement à l'analyse de vos réponses, vous devez impérativement avoir répondu aux 44 questions, en ne donnant qu'une seule réponse pour chacune d'entre elles. Avant d'aller plus loin, vérifiez bien que c'est le cas.

Vos réponses à chacune des 44 questions posées ont été exprimées par une lettre que vous avez choisi d'entourer. La grille d'analyse qui suit va vous permettre de comptabiliser le nombre de ▬, ▼, ●, et ■ vous concernant.

| Questions | Vos réponses | | | |
|---|---|---|---|---|
| | a | b | c | d |
| 1. | ▬■ | ●▼ | ■●▼ | ■ |
| 2. | ■▼ | ● | ▬ | |
| 3. | ▬ | ■●▼ | | |
| 4. | ▬ | ●▬ | ▼ | ■ |
| 5. | ▬ | ■▼ | ● | |
| 6. | ▬● | ■▼ | ▬ | |
| 7. | ●▼ | ▬■ | ▬■ | ●▼ |
| 8. | ▬ | ■ | ●▼ | ▬ |
| 9. | ■▼ | ●▼ | ■ | ▬▼ |
| 10. | ■● | ■▼ | ▬ | ▬■ |
| 11. | ■● | ▬▼ | | |
| 12. | ▬ | ●▼■ | ●▼ | |
| 13. | ▬ | ■▼ | ● | |
| 14. | ▬ | ▬● | ● | ■ |
| 15. | ▬ | ■ | ▬■ | ●▼ |
| 16. | ▬■ | ▼■ | ● | |
| 17. | ▬■ | ● | ●▼ | |
| 18. | ● | ▬▼■ | ▬■ | |
| 19. | ▬■ | ● | ▬■▼ | |
| 20. | ▼■ | ▬ | ▬■ | |
| 21. | ■▼ | ▬ | ● | |
| 22. | ▬ | ▼■● | ■● | ■▼ |
| 23. | ▬■ | ▼■● | ▬ | |
| 24. | ▬ | ▼■ | ● | ● |
| 25. | ■● | ▬ | ▼■ | |
| 26. | ■● | ▼ | ▬ | |
| 27. | ▬ | ▼■● | ● | ▬ |
| 28. | ▼ | ● | ▬ | ■ |

| Questions | Vos réponses | | | |
|---|---|---|---|---|
| | a | b | c | d |
| 29. | ▬ ● | ▬ | ■ ● | ▼ ● |
| 30. | ▼ ● | ● | ▬ | ▼ ■ |
| 31. | ■ | ▼ ● | ▬ | |
| 32. | ▼ | ▬ | ● | |
| 33. | ● | ■ | ▬ | ▼ |
| 34. | ▬ ▼ | ● | ● | |
| 35. | ▬ ■ | ● | ▼ | |
| 36. | ▬ | ■ | ● ▼ | |
| 37. | ● | ▬ | ▼ ■ | |
| 38. | ■ | ▬ | ▼ ● | |
| 39. | ■ | ▼ | ▬ | ● |
| 40. | ▬ ● | ▼ | ■ | |
| 41. | ■ ▼ | ▬ ● | | |
| 42. | ● | ▬ | ▼ ■ | |
| 43. | ▬ | ▼ ● ■ | | |
| 44. | ● | ▼ | ▬ ■ | |

Ne soyez pas surpris que, pour certaines réponses, on comptabilise plusieurs de ces petites figures géométriques (par exemple, un ▬ et un ■ si vous avez répondu « c » à la question 44).

Dans ce cas, vous notez les deux symboles. Pour bien réaliser cette opération comptable, nous vous invitons à utiliser la grille suivante :

| | | |
|---|---|---|
| Nombre de symboles ▬ | : | -- |
| Nombre de symboles ▼ | : | -- |
| Nombre de symboles ● | : | -- |
| Nombre de symboles ■ | : | -- |

Ces indications chiffrées vont vous permettre de repérer votre voie d'études supérieures de prédilection :

• Si votre chiffre le plus élevé est celui du symbole ▬, c'est que vous êtes plutôt fait pour un **premier cycle universitaire licence.**

• Si votre chiffre le plus élevé est celui du symbole ▼, c'est que vous êtes plutôt fait pour les **grandes écoles à recrutement niveau bac.**

• Si votre chiffre le plus élevé est celui du symbole ●, c'est que vous êtes plutôt fait pour les **études en IUT, STS ou écoles spécialisées.**

• Si votre chiffre le plus élevé est celui du symbole ■, c'est que vous êtes plutôt fait pour les **classes préparatoires aux grandes écoles.**

**Attention à bien comprendre le sens de l'expression « plutôt fait pour... ».** Certains lecteurs peuvent, après s'être soumis au test, s'apercevoir qu'un deuxième total est fort proche de celui du symbole dominant, voire égal. On peut par exemple se retrouver dans la situation d'un individu qui obtient le résultat suivant : 21 ▼ et 19 ■, les deux autres totaux étant nettement plus éloignés. On dira dans ce cas que votre voie d'études supérieures dominante est pondérée par une autre voie, pour laquelle vous êtes également fait, mais un tout petit peu moins. Cela complique certes le choix, mais c'est une réalité dont vous devez tenir compte. Et après tout, il vaut mieux que vous ayez deux voies d'études de prédilection plutôt qu'aucune ! Il arrivera même que vos deux chiffres dominants soient identiques. Cette situation de trouble, due à l'existence d'une double voie d'études supérieures de prédilection, sera levée par les résultats du deuxième test que nous vous proposons plus loin. Après tout, en y réfléchissant bien, doit-on être étonné, si le résultat dominant indique que vous êtes plutôt fait pour les CPGE, que vous puissiez avoir également une certaine prédisposition pour les grandes écoles à recrutement niveau bac ? Il n'y a rien là de contradictoire : c'est en réalité fort cohérent.

# Les quatre grandes voies d'études supérieures

Grâce au test auquel vous venez de vous soumettre, vous savez pour quelle grande voie d'études supérieures vous êtes fait. C'est éclairant, mais ça le sera bien plus si vous vous faites une idée précise des caractéristiques de chacune d'entre elles. Nous vous les présentons en détail dans ce chapitre.

## LA VOIE UNIVERSITAIRE

C'est la voie du plus grand nombre. En 2011-2012, on y recensait près de 1,5 million d'étudiants, tous cycles confondus, répartis entre plus de 80 universités et une trentaine d'antennes délocalisées dans des villes moyennes. Toujours en 2011-2012, 52 % des bacheliers généraux, 18 % des bacheliers technologiques et 7 % des bacheliers professionnels ont intégré la première année d'un premier cycle universitaire (hors IUT). Pour vous qui allez peut-être choisir d'entrer en première année du cycle licence, il est important de savoir que c'est à ce niveau d'études que vous serez confronté aux plus gros effectifs d'étudiants. Dans certaines filières, notamment en AES, droit, anglais, psychologie, STAPS, lettres modernes, etc., attendez-vous à vous retrouver à plusieurs centaines (parfois même plus de mille !) le jour de la rentrée. Voila pourquoi on dit souvent de l'université qu'elle correspond à des études « de masse ».

**Amphis mais aussi TD et TP**. Heureusement, vous ne serez pas toujours perdus au sein d'ensembles aussi importants. Si les cours se déroulent majoritairement en « grand amphithéâtre » avec des effectifs importants, il existe aussi des enseignements de TD (travaux dirigés) ou TP (travaux pratiques), dispensés en groupes plus réduits : entre 30 et 60 étudiants tout de même, parfois même plus. Par ailleurs, compte tenu du modeste taux de réussite en cours de première année, vous constaterez très vite qu'une part non négligeable des étudiants s'évapore en cours de route, souvent dans les

**À savoir** | **Les conseils d'un prof d'université**

Le phénomène d'enseignement de masse qui règne en premier cycle universitaire, et le faible volume horaire de la formation dispensée en face à face, ne signifie évidemment pas que nous entretenons l'idée que les étudiants ont beaucoup moins de travail qu'au lycée, bien au contraire », nous confie Jean de Beir, enseignant de sciences économiques à l'université d'Évry-Val-d'Essonne, en banlieue parisienne.

**Ne pas se contenter du minimum.** « Dès leur arrivée en premier semestre, nous leur expliquons que s'ils se contentent de ce minimum, ils vont rapidement se noyer. Nous martelons que c'est justement parce qu'ils ont deux fois moins d'heures de cours qu'au lycée, qu'ils doivent produire un effort personnel – le fameux travail autonome – plus important. Nous les y encourageons d'autant plus qu'ils disposent pour cela de beaucoup de temps. »

**On peut tout faire à la fac!** « À eux d'en profiter pour s'inscrire dans diverses options facultatives, pour fréquenter assidûment la bibliothèque universitaire, lire des ouvrages et des revues, se constituer à cette occasion un stock de fiches de lecture, travailler spontanément au sein de petits groupes d'étudiants, demander à bénéficier d'heures de tutorat en cas de besoin, ajouter des formations facultatives à l'informatique, aux langues étrangères, etc. »

toutes premières semaines. Et vous verrez aussi que les évaluations semestrielles ne laissent passer que de 40 à 60 % des effectifs. Si bien que dès le deuxième semestre, le nombre des étudiants est nettement en baisse. Cela s'observe jusqu'à la troisième année, mais dans une moindre mesure à compter de la deuxième année du premier cycle licence. Au-delà, les étudiants licenciés qui poursuivent un cursus universitaire se répartissent entre diverses filières spécialisées, si bien que les effectifs sont nettement plus « à taille humaine ». C'est effectivement au cours des deux premières années que le phénomène de masse vous touche le plus.

**Un faible volume d'heures d'enseignement.** Le plus souvent, la rentrée a lieu vers la deuxième quinzaine d'octobre et l'année se termine plutôt fin mai.

Une année d'études universitaires comprend donc environ de 24 à 26 semaines par an, une bonne dizaine de moins que dans les autres voies ! En outre, si vous assistez à tous les enseignements qui vous sont proposés, une semaine de cours ne vous prendra que de 15 à 20 heures, contre 30 à 35 dans les autres voies d'études. Au total, sauf exception, une année universitaire compte entre 400 et 600 heures d'enseignement, contre 800 à 1 300 heures en classe préparatoire, école, IUT, STS… Cette grande différence (du simple au double ou triple) n'est pas sans avoir un certain nombre de conséquences. C'est notamment le cas, en fin de deuxième ou troisième année ou au-delà, lorsque les étudiants universitaires sont en compétition avec les autres pour sauter l'obstacle de concours administratifs ou se faire admettre dans des filières sélectives.

**D'importantes conséquences pédagogiques.** Passer d'une classe terminale (caractérisée par un fort encadrement, des effectifs légers, plus de 1 100 heures d'enseignements divers) en première année d'université, provoque chez beaucoup de nouveaux étudiants un véritable choc, dans la mesure où certains ne parviennent pas ou difficilement à naviguer dans un univers d'études qui les encadre si peu. Sachez que c'en sera fini des conseils de classe réguliers et des bulletins de notes avec appréciations envoyées aux parents. Est-il besoin de préciser qu'on ne fait pas l'appel des présents au début d'un cours en « grand amphi » (plusieurs centaines d'étudiants : les deux heures de cours n'y suffiraient pas) ? Vient donc qui veut ! Êtes-vous capable de vous motiver suffisamment pour résister à la tentation de faire l'impasse sur certains cours ? De même, le plus souvent, lorsqu'un professeur propose un travail écrit à ses étudiants de première année, il n'est ni ramassé, ni noté (vous ne pensez tout de même pas que ce professeur va corriger régulièrement des paquets de plusieurs centaines de copies !).

**Serez-vous cet étudiant qui fera le travail quand même,** ou ferez-vous partie de ceux qui se diront « pas vu, pas pris : je ne le fais pas » ? Utiliserez-vous les nombreuses plages de temps dont vous disposerez pour « aller plus loin », en travaillant spontanément à la bibliothèque universitaire, en prenant des cours de soutien, en vous inscrivant à des cours facultatifs complémentaires, en vous efforçant de travailler avec un groupe d'étudiants motivés, en reprenant régulièrement vos cours chez vous… ou vous laisserez-vous aller à un travail minimal ? On dit souvent que les études universitaires ne réussissent bien qu'aux étudiants capables de travailler de façon autonome. Est-ce votre cas ?

**Pas de sélection à l'entrée…** sauf cas particuliers. Tout bachelier (ou équivalent) a droit à une place dans la filière universitaire de son choix. Il n'y a donc en principe pas de sélection à l'entrée. Voilà qui explique que la première année de licence soit une filière de masse. Toutefois, quelques universités ont un statut dérogatoire qui les autorise à opérer un recrutement sélectif. Elles sont rares, mais existent bien, et vous pourriez avoir envie d'entrer dans l'une d'elles : l'université de Paris 9-Dauphine (spécialisée en économie et gestion), les universités de technologie de Belfort, Compiègne et Troyes, etc. Dans ce cas, il n'existe pas de sectorisation : le recrutement est national.

Autre cas de ce type : certaines universités, globalement non sélectives, peuvent proposer une filière particulière sélective (nombre de bi-licences, par exemple). Ces cas sont cependant rares : en 2012, l'ensemble des filières universitaires sélectives dès l'entrée en première année de licence a correspondu à 1 % à peine des effectifs nouvellement admis à l'université.

Pas de sélection à l'entrée dans la quasi-totalité des cas donc, mais vous la retrouverez tout au long des études universitaires. Outre le phénomène de l'important taux d'échec au cours des deux premières années d'université déjà mentionné, vous devez vous attendre à ce que l'admission dans nombre de filières universitaires de deuxième et troisième cycles soit sélective. C'est le cas pour passer en deuxième année des études de santé, dans les IUP (instituts universitaires professionnalisés), pour nombre de masters (à bac+3 ou bac+4), dans les écoles universitaires (d'ingénieurs, de commerce et de gestion, de journalisme, etc.) et pour bien d'autres filières : la plupart recrutent sur concours, parfois sur dossier. C'est pourquoi on a coutume de dire que « le plus difficile à l'université, ce n'est pas d'y entrer, mais d'en sortir diplômé ! »

**L'architecture des études universitaires.** Depuis 2005, toutes les universités françaises sont entrées dans le nouveau système européen des études supérieures : le désormais célèbre LMD (licence/master/doctorat). Le schéma présenté page ci-contre résume ce parcours.

| Le schéma des études universitaires | | |
|---|---|---|
| **Vie active et/ou poursuite d'études** | | |
| 8 | Doctorat (D3) | |
| 7 | Doctorat (D2) | |
| 6 | Doctorat (D1) | |
| 5 | Master recherche (MR2) ou Master professionnel (MP2) | vie active |
| 4 | Master (M1) | |
| 3 | Licence générale (LG3) ou Licence professionnelle (LP3) | vie active |
| 2 | Licence (L2) | |
| 1 | Licence (L1) | |
| 0 | Baccalauréat | |

Pour un élève qui vient d'avoir son bac, se profile donc d'abord un premier cycle licence en trois ans, découpé en six semestres avec évaluation à chaque semestre pour validation éventuelle et autorisation de poursuivre dans le semestre supérieur. Ceux qui opteront en début de troisième année pour une licence professionnelle pourront passer à la vie active à bac+3.

Autres possibilités de sortie vers la vie active : à bac+5, avec un master professionnel ou recherche, et bac+8, avec un doctorat. Entrer à l'université, c'est donc opter pour des études longues : de cinq à huit ans après le bac pour la plupart, parfois plus, jamais moins de trois ans (à condition d'aller au bout de chaque cycle, bien sûr).

**Des dizaines de filières au choix.** Nous vous présentons ci-dessous, par grands secteurs de formation, les divers premiers cycles licence que vous pouvez choisir. Sachez que nombre d'entre eux proposent des spécialisations à compter de la troisième année. Attention : si certaines filières sont très répandues et ne vous poseront guère de problème pour trouver celle que vous souhaitez intégrer dans votre région (droit, mathématiques, anglais...), d'autres sont plus rares, voire très rares (danois, breton, MISASHS...) et vous obligeront, si vous choisissez l'une d'elles, à accepter

| En résumé | **Vous êtes plutôt université si...** |
|---|---|

- ▶ **Vous avez réussi un bac général.**
- ▶ **Vous êtes apte au travail autonome.**
- ▶ **Vous aimez le champ disciplinaire dans lequel vous vous inscrivez.**
- ▶ **Vous êtes prêt à faire des études supérieures longues.**
- ▶ **Vous voulez commencer par deux années au moins d'enseignements généraux avant de vous professionnaliser.**
- ▶ **Vous ne souhaitez pas vous spécialiser tout de suite après le bac.**
- ▶ **Vous avez une bonne culture générale.**
- ▶ **Vous avez une bonne aptitude à la dissertation.**
- ▶ **L'effet de masse et le manque d'encadrement ne vous rebutent pas trop.**

une mobilité géographique (sauf si vous avez la chance d'habiter la région où elle est proposée).

- **AES :** administration économique et sociale.
- **Arts :** arts plastiques, musique, histoire des arts et archéologie, arts du spectacle, arts appliqués.
- **Droit :** droit.
- **Économie-gestion :** économie-gestion.
- **Information et communication :** information et communication.
- **Langues :** LEA (langues étrangères appliquées), LLCE (langues, littératures et civilisations étrangères anglais, allemand, espagnol, portugais… une centaine de spécialités), LCR (langues et cultures régionales alsacien, basque, breton, corse, tahitien…).
- **Lettres :** lettres modernes, lettres classiques, sciences du langage.
- **Santé :** médecine, odontologie, pharmacie, sage-femme.
- **Sciences et technologies :** EEA (électronique, électrotechnique, automatique), MASS (mathématiques appliquées et sciences sociales), mathématiques et applications, SM (sciences de la matière), STPI (sciences et technologies pour l'ingénieur), STU (sciences de la Terre et de l'Univers), SV (sciences de la vie).

| Débat | « L'orientation active » : régulation de l'orientation des bacheliers |
|---|---|

En l'état actuel de la loi, tout bachelier a droit à une place dans la filière universitaire de son choix (sauf dans quelques rares cas). Au nom de ce principe, n'importe quel bachelier, quel que soit son profil, peut entrer dans n'importe quel premier cycle universitaire (hors IUT bien sûr). Or, cette liberté se paie fort cher pour une majorité de lycéens qui, en faisant un tel choix, vont vers un cuisant échec : près de la moitié des lycéens qui entrent en premier cycle licence ne parviennent pas à ce diplôme, et c'est même le cas pour 93 % des bacheliers professionnels et 75 % des bacheliers technologiques.

**C'est dans le but de réduire l'échec en premier cycle universitaire,** qu'il a été récemment décidé de mettre en place une procédure dite « d'orientation active ». Cela prend la forme de campagnes d'information renforcées de la part des universités (sur les études qui attendent les lycéens, leurs débouchés professionnels...), la mise en place de procédures de préinscriptions qui visent à exiger de chaque prétendant qu'il se présente (en remplissant sur le site admission-postbac.fr un dossier dans lequel figurent les copies des bulletins de notes et appréciations, une lettre de motivation, etc.).

**Le but visé** n'est pas de sélectionner les candidats (encore une fois, sauf cas particuliers, c'est interdit par la loi), mais de les responsabiliser en faisant en sorte qu'ils soient plus conscients de ce que représente l'univers d'études universitaires vers lequel ils envisagent de se diriger. Dans la plupart des universités, on retourne à chaque lycéen demandeur d'une admission un avis, lui explicitant les raisons pour lesquelles les universitaires pensent qu'il a le bon profil pour réussir tel parcours d'études, ou au contraire un profil contre-indiqué. Cela peut aller jusqu'au signalement d'autres parcours d'études qui semblent plus appropriées.

**Bien entendu, le lycéen conserve toute sa liberté** de tenir compte de cet avis ou pas, et dans ce deuxième cas, il a la garantie de pouvoir malgré tout entrer en première année du premier cycle, « en prenant ses risques », comme nous le déclare François, conseiller d'orientation dans un SUIO. Dans certaines universités, « l'orientation active » est un instrument qui permet de plus efficacement accompagner les étudiants en difficulté (tutorat, soutien individualisé) en repérant en amont ceux qui vont avoir besoin de soutien, et en leur proposant des dispositifs *ad hoc*.

• **STAPS** (sciences et techniques des activités physiques et sportives).
• **Sciences humaines et sociales :** géographie, histoire, philosophie, psychologie, sociologie.

## LES CPGE (CLASSES PRÉPARATOIRES AUX GRANDES ÉCOLES)

Contrairement aux universités, les classes préparatoires aux grandes écoles sont toutes sélectives à l'entrée. Voici pourquoi on dit souvent qu'il s'agit d'une filière d'élite. Sachez que c'est plus ou moins vrai : si certaines prépas comptent 20 candidats pour une place, d'autres ont du mal à faire le plein de bons candidats et sont donc nettement moins sélectives. Toute la difficulté est donc de viser juste, c'est-à-dire ni trop haut (inutile de demander une classe préparatoire du lycée Louis-le-Grand, à Paris, si vous n'êtes pas un excellentissime élève), ni trop bas (pourquoi demander à entrer dans une prépa qui admet des élèves avec 11 de moyenne, et qui n'auront qu'une ambition modeste à la sortie, si vous avez 14 ou plus, et que vous pouvez donc prétendre à bien mieux ?).

Cette question est d'autant plus importante que vous ne pouvez demander que six classes préparatoires publiques ou privées sous contrat d'un même type. Or, dans la plupart des cas, il en existe beaucoup plus, plusieurs centaines parfois. C'est une voie d'études pour laquelle vous aurez besoin de conseils avisés. Les candidatures s'expriment principalement *via* un site Internet (www.admission-postbac.fr).

**Une forte dominante de bacheliers généraux, S en particulier.** Ce principe de sélection explique que la part des bacheliers qui se retrouvent en classe préparatoire est modeste. En 2011-2012, tous statuts confondus (lycées publics et privés sous contrat, établissements hors contrat), il y eut 39 732 nouveaux bacheliers admis en CPGE. Ce chiffre est à mettre en regard des 270 402 (soit près de sept fois plus) étudiants entrés en première année de premier cycle universitaire.

Les élèves admis en CPGE sont en grande partie originaires de classes de terminales générales : 71 % d'entre eux (près des trois quarts) sont originaires du

| Vécu | « Comment j'ai réussi en prépa » |
|---|---|

Rosalie est une ancienne élève d'une des meilleures écoles de management de France : l'ESCP-EAP de Paris. Elle l'a intégrée à l'issue d'études en classe préparatoire économique et commerciale au lycée Marcellin-Berthelot de Saint-Maur-des-Fossés, en banlieue parisienne. Elle témoigne.

**Les profs.** « Avant d'entrer en prépa, je n'avais jamais eu la chance d'avoir une équipe de profs d'un tel niveau, aussi soucieux de notre réussite, très proches de nous en vérité. C'est important : plusieurs fois, j'ai été assaillie par des doutes, et même par l'envie de m'arrêter en début de première année. Sans leurs conseils et encouragements, je ne sais pas si j'aurais pris la décision de continuer. »

**La motivation.** « J'avais une forte envie d'entrer dans une très bonne école. Je crois que si on n'est pas motivé, en prépa ça ne peut pas aller. Le rythme de travail qu'on nous imposait a fait la différence. Au début, j'ai trouvé ça un peu fou : je faisais des semaines de 80 heures, voire plus dans les périodes de concours blancs et à l'approche des vrais concours. J'ai ainsi acquis un niveau de connaissance, des rythmes et méthodes de travail qui m'ont non seulement permis de réussir des concours très sélectifs, mais m'ont ensuite beaucoup servi dans mes débuts de carrière. »

**Le soutien familial.** « Mais il y a plus : je crois que ce qui m'a aidée, c'est aussi le soutien de ma mère. Dès le début, elle m'a déchargée de tout un tas de contraintes ménagères, elle a veillé à ce que je me nourrisse bien, fait en sorte que je ne décroche pas totalement de certaines passions que j'aimais vivre, comme la danse, et surtout, elle m'a entourée. Je pense que ça a été un atout essentiel. »

bac S, 14 % sont bacheliers ES, 9 % bacheliers L, 2 % sont des STI2D, 1,8 % des STMG, les autres étant issus des autres bacs technologiques (moins de 2 % en tout). À noter : aucun bachelier ST2S ou professionnel n'est admis en classe préparatoire.

**Des études très encadrées et exigeantes.** Petits effectifs (35 élèves au maximum, comme en terminale), contrôle systématique des présences, professeurs aux

« petits soins » pour leurs élèves, exigence d'un travail intense et régulier, calendrier annuel et horaire hebdomadaire de type lycée (de 800 à 1200 heures par an selon le type de CPGE, heures de « colles » non comprises), évaluations fréquentes, bulletins de notes et appréciations régulièrement envoyés aux parents... Vous cherchez de l'encadrement, vous en aurez ! Sachez que certains élèves ont parfois du mal à supporter de passer du statut de « meilleur élève de leur classe de terminale » à celui d'élève moyen ou moins bon d'une classe comptant beaucoup d'élèves brillants. Il faudra souvent vous accrocher ! Normal : à la sortie de cette filière d'excellence vous attendent des concours parfois très sélectifs. On ne peut prétendre sauter de tels obstacles sans un entraînement préalable intense et rigoureux. C'est la dure loi du genre.

**« Ça passe ou ça casse ! »** On peut être bon élève en terminale et ne pas avoir le profil pour réussir en prépa. Il n'y a pas de honte à le reconnaître, et l'élève intelligent décide alors d'aller réussir dans une autre voie, plus conforme à son profil. Si vous entrez en prépa, sachez que vous vous engagez sur un parcours en deux ans qui conduit à un ou plusieurs concours qu'il faudra réussir pour pouvoir entrer dans l'une des grandes écoles que vous viserez à ce moment.

Une question revient souvent : que se passe-t-il si un élève réalise assez rapidement (dans les premières semaines après son entrée en première année, fin octobre au plus tard) qu'il a fait une erreur d'orientation ? S'il a pris la précaution de s'inscrire parallèlement en université (c'est possible, et même fortement recommandé dans la plupart des cas), il pourra rejoindre une première année de licence au moment de la rentrée universitaire (qui a lieu en deuxième quinzaine d'octobre) et éviter ainsi de perdre un an. Sachez aussi qu'au bout de deux ans, en cas d'échec au(x) concours visé(s), il est possible de redoubler (une seule fois) ou d'opter pour une demande d'équivalence universitaire (dans certains cas, on peut entrer directement en troisième année de licence). Un bon conseil cependant : accrochez-vous ! Chaque année, 90 % des élèves de prépa ayant atteint la fin de la deuxième année réussissent un concours au moins, mais pas toujours celui de leurs rêves. Nous disions plus haut que le plus dur en fac n'était pas d'y entrer, mais d'en sortir diplômé ; en CPGE c'est en grande partie le contraire !

**En résumé** | **Vous êtes plutôt prépa si...**

- Vous êtes issu d'une terminale générale.
- Vous avez bien ou très bien réussi votre parcours première-terminale.
- Vous êtes prêt à faire cinq ans au moins d'études supérieures.
- Vous voulez vous donner deux ans avant de vous spécialiser.
- Vous préférez les formations bien encadrées.
- Vous êtes doté d'une importante capacité de travail.
- Vous êtes prêt à sacrifier une importante partie de vos loisirs pendant vos années prépas.
- Vous êtes méthodique.
- Les situations stressantes ne vous paniquent pas.
- Vous avez l'esprit de compétition.
- Vous êtes très motivé à l'idée d'entrer dans une grande école.

**À lire :** *Bien choisir sa classe prépa,* de Marie Bonnard et Philippe Mandry, dans la même collection.

**Internet :** la partie « Prépas » du site letudiant.fr (section «Guide des Études») est l'outil indispensable pour trouver la prépa la mieux adaptée à son profil, avec les palmarès de l'Etudiant, un annuaire commenté des prépas, l'analyse de dossiers d'élèves admis...

**Les prépas dans tous leurs états.** On a coutume de regrouper les classes préparatoires en trois catégories principales, selon les grandes écoles visées : les prépas scientifiques, les prépas économiques et commerciales, et les prépas littéraires. Chacune de ces catégories se subdivise en classes spécialisées. Nous vous les présentons dans leurs configurations de première année, avec indication du profil attendu. Des dérogations peuvent être accordées pour des candidats ayant des profils différents mais proches (à négocier localement).

## Les classes préparatoires scientifiques

**MPSI (maths/physique/sciences de l'ingénieur).** Pour les écoles d'ingénieurs, l'ENS (École normale supérieure) section sciences, les Arts et Métiers

ParisTech, le concours sciences de Saint-Cyr… ▸ Bacheliers S, de préférence profil maths, physique ou sciences de l'ingénieur.

**PCSI (physique/chimie/sciences de l'ingénieur).** Mêmes débouchés. ▸ Bacheliers S, de préférence profil maths, physique ou sciences de l'ingénieur.

**PTSI (physique/technologie/sciences de l'ingénieur).** Mêmes débouchés. ▸ Bacheliers S, de préférence profil maths, physique ou sciences de l'ingénieur.

**BCPST (biologie/chimie/physique/sciences de la Terre).** Pour les écoles vétérinaires, d'agronomie, de chimie, certaines sections sciences de l'ENS (domaine biologie)… ▸ Bacheliers S, profil SVT ou physique.

**TSI (technologie et sciences industrielles).** Pour les écoles d'ingénieurs, les Arts et Métiers ParisTech, l'ENS sections sciences. ▸ Bacheliers STI2D et STL.

**TPC (technologie, physique, chimie).** Écoles de chimie. ▸ Bacheliers STI2D.

**TB (technologie et biologie).** Écoles d'agronomie. ▸ Bacheliers STL, STAV.

**ENS Cachan C (arts, création industrielle).** Pour la section design de l'ENS Cachan. ▸ Bacheliers STD2A.

**Marine marchande (école de la marine marchande).** Prépa en une seule année. ▸ Bacheliers S, toutes spécialités.

### Les classes préparatoires économiques et commerciales

**Économique et commerciale option scientifique.** Pour les grandes écoles de commerce et de gestion et autres grandes écoles tertiaires, ENS Cachan. ▸ Bacheliers S, tous profils.

**Économique et commerciale option économique.** Mêmes débouchés. ▸ Bacheliers ES, de préférence profil maths, éventuellement bacheliers L, profil maths exclusivement.

**Économique et commerciale option technologique.** Mêmes débouchés. ▸ Bacheliers STMG, toutes spécialités.

**ENS Cachan section D1 :** économie et droit. ▸ Bacheliers ES, L (profil maths requis), S et STMG.

**ENS Cachan section D2 :** économie et méthodes. ▸ Mêmes bacheliers (de préférence, profil maths pour les L et ES).

### Les classes préparatoires littéraires

**Lettres sup.** Pour les ENS (sections lettres, langues, sciences humaines...), les grandes écoles de commerce et de gestion, de journalisme, Saint-Cyr (concours lettres)... ▸ Bacheliers L, ES ou S.

**Lettres et sciences sociales (lettres sup B/L).** Pour les ENS section lettres et sciences humaines, les grandes écoles de commerce et de gestion, l'ENSAE, Saint-Cyr... ▸ Bacheliers S (tous profils), L et ES (profil maths exclusivement).

**Lettres sup Saint-Cyr.** Pour l'École militaire de Saint-Cyr (concours lettres et sciences humaines). ▸ Bacheliers ES, L et S.

**Chartes.** Pour l'École nationale des chartes. ▸ Bacheliers L (de préférence), ES et S.

## LES GRANDES ÉCOLES À RECRUTEMENT NIVEAU BAC

Si les plus grandes écoles recrutent essentiellement après deux années de classe préparatoire, il existe également des établissements de ce type qui recrutent leurs élèves au niveau baccalauréat : écoles de commerce, de gestion et comptabilité, de tourisme, d'hôtellerie, de transport et logistique, de communication, d'ingénieurs, militaires, etc.

En tout, plus d'une centaine d'établissements qui offrent entre 100 et 350 places à chaque nouvelle promotion.

**Des études denses et immédiatement professionnalisées.** Vous retrouverez des horaires de type lycée : dans la plupart de ces établissements, vous recevrez entre 900 et 1 200 heures de formation, étalées sur l'année scolaire qui dure généralement entre 30 et 36 semaines. Vous y ajouterez de trois à cinq semaines de stages, parfois des voyages d'études à l'étranger (cas fréquent dans les grandes écoles de commerce), etc. De plus, nombre d'activités associatives à but formateur vous seront proposées : juniors entreprises, clubs bourse, travaux d'autoformation en laboratoire de langue, salle d'informatique, etc. Attendez-vous à des semaines bien remplies.

Comme toutes les grandes écoles, celles qui recrutent au niveau bac sont professionnalisées, et ce dès la première année. C'est ce qui les distingue des écoles recrutant après un bac+2, qui, elles, n'offrent ce type de formation qu'au bout de deux ans. C'est une caractéristique importante qui implique pour tout candidat qui se présente à ce type d'écoles d'avoir un projet professionnel dès la terminale (au plus tard au moment du concours). Les jurys qui trient les candidats vérifieront que vous êtes bien porteur d'un tel projet, et qu'il est solide : ils vous feront passer un entretien de recrutement et vous demanderont parfois aussi une lettre de motivation.

Si vous n'êtes pas sûr de votre projet professionnel, votre intérêt est sans doute de renoncer à une telle candidature et de différer de deux ans le moment de votre professionnalisation, en entrant en classe préparatoire ou en première année de licence. Il sera toujours temps ensuite de frapper à la porte d'une grande école. En outre, grâce à la formation générale suivie jusque-là, vous aurez la possibilité de faire d'autres études de deuxième cycle, si vous changez d'avis entre-temps.

**Une spécialisation progressive.** Autre conséquence de cette professionnalisation dès la première année des études supérieures : vous y bénéficierez de quatre à cinq ans de formation professionnalisée, au lieu de trois seulement dans les grandes écoles qui recrutent à bac+2. C'est très avantageux pour la future insertion professionnelle. Autre avantage : former en quatre ou cinq ans permet une spécialisation progressive. Ainsi, un élève qui entre dans une grande école de commerce en cinq ans vivra généralement une première année (ou ses deux premières années) dans une sorte de tronc commun qui lui permettra de découvrir l'ensemble des fonctions de l'entre-

| Vécu | « Ne pas s'enfermer dans une spécialisation » |
| --- | --- |

**B**achelier arts appliqués, François est entré à l'ENSAD (École nationale supérieure des arts décoratifs), à Paris, après une brillante réussite à un concours très sélectif.

**Un projet professionnel clair dès le départ.** « Dès la classe de première, je savais que je voulais me former au design industriel, et ce projet s'est confirmé en classe terminale. Cette école en cinq ans propose une spécialité pour cela et, compte tenu de sa réputation, j'ai décidé de tenter ma chance au concours. Bien m'en a pris puisque j'ai réussi. »

**Un corps professoral de grande qualité.** « J'y ai trouvé des professeurs très compétents, en particulier du côté de ceux qui sont chargés des enseignements professionnels. Plusieurs d'entre eux ont eu une expérience en entreprise avant de devenir professeurs, et certains sont de vrais professionnels. Ils sont en outre très à l'écoute de chaque élève. »

**Une spécialisation progressive.** « L'intérêt de l'école c'est qu'elle n'enferme pas les élèves dans une spécialisation immédiate. Les formations étant étalées sur cinq ans, cela permet de commencer par un large balayage de l'ensemble des métiers des arts décoratifs et un renforcement de la culture générale, avant de se spécialiser en entrant en deuxième année. J'ai opté pour la spécialité design industriel, mais si j'avais eu l'envie de changer de projet, j'aurais pu le faire en optant pour une autre spécialité (l'école en propose 12). »

prise. Il pourra ensuite opter en toute conscience pour le commerce international, la gestion-comptabilité ou encore la gestion des ressources humaines, etc.

Dans ces établissements, la professionnalisation correspond à la fois à des enseignements techniques et professionnels, dispensés le plus souvent par des intervenants venus du monde de l'entreprise, mais aussi à des missions réelles en milieu professionnel, des stages, etc. Bien plus : si vous faites tout ou partie de vos études en bénéficiant d'un contrat d'apprentissage (c'est possible dans nombre de grandes écoles), vous densifierez d'autant votre professionnalisation.

**Gros plan**

## Un seul concours pour plusieurs écoles : les « banques d'épreuves communes »

Certaines écoles postbac se sont regroupées pour permettre aux candidats de frapper à plusieurs portes en une fois. Elles proposent des « banques communes d'épreuves » ou concours communs.

- **Le concours commun des 6 IEP (Instituts d'études politiques) de province :** Aix-en-Provence, Lille, Lyon, Rennes, Strasbourg et Toulouse • cc.iep.fr.

- **Les concours communs des écoles de commerce en trois ans :**

▶ **Atout + 3 :** les programmes « bachelor » d'Audencia Nantes, EM Normandie, EM Strasbourg, ESC Dijon, ESC La Rochelle, ESC Pau, EST Saint-Etienne, Grenoble école de management, Novencia Paris, Télécom école de management de Paris.

▶ « **Bachelor EGC** » **:** 34 écoles situées à Agen, Angoulême, Avignon, Bastia, Bayonne, Besançon, Bourg-en-Bresse, Brive, Cayenne, Chalon-sur-Saône, Chambéry, Charleville-Mézières, Fort-de-France, La Réunion, La Roche-sur-Yon, Le Mans, Lille, Marseille, Montauban, Montbéliard, Rodez, Saint-Etienne, Saint-Germain-en-Laye, Saint-Lô, Sens, Strasbourg, Tarbes, Valence, Vesoul, Villefontaine et El Jadida (Maroc) • bachelor-egc.fr/.

▶ « **Ecricome bachelor** » **:** les programmes bachelor de BEM Bordeaux, Euromed Marseille, ICNancy, Reims Management School et Rouen BS • ecricome.org/ecricome-bachelor/post-bac/concours-ecricome-bachelor.html.

▶ **Bachelor IDRAC :** les dix écoles du réseau national IDRAC • bachelor-idrac.com.

- **Les concours communs des écoles de commerce en 4/5 ans :**

▶ **Accès :** ESSCA d'Angers et Paris, IESEG de Lille et Lyon, ESDES Lyon • concours-acces.com/.

▶ **Link :** EBS Paris et ESG Paris • concours-link.fr.

▶ **Pass :** ECE Bordeaux et Lyon, ESPEME Lille et Nice • concours-pass.com/.

▶ **Prism :** Les sept écoles du réseau national ISEG • bs.iseg.fr/dossier-candidature.aspx.

▶ **Sésame :** BBA Essec, CESEM reims, CeseMed Marseille, EBP Bordeaux, EM Normandie, ESCE Lyon et Paris, BSc de Rouen business school • concours-sesame.net.

▶ **Team :** ESAM Lyon, ICD Toulouse, IDRAC Lyon, ISTEC Paris • concours.team.net/.

• **Les concours communs aux écoles d'ingénieurs :**

▶ **Le concours Advance** est commun à l'EPIF Paris, l'ESME Sudria Lille, Lyon et Paris, et l'IPSA Paris et Toulouse • ecole-ingenieurs.com.

▶ **Le concours Alpha** concerne les sept écoles suivantes : 3iL, EBI, EFREI, ESIEA, ESIGETEL, ESITCaen, et ESITPA • concours-alpha.fr.

▶ **Le concours Avenir** est commun à l'ECE Paris, l'EIGSI La Rochelle, l'EPF (Montpellier, Sceaux et Troyes), l'ESTACA (Laval et Paris), l'EISTI (Cergy-Pontoise et Pau), et l'ESILV (Paris-La Défense) • concoursavenir.fr/concours-commun/.

▶ **Le concours ECAM** est commun aux ECAM de Lyon, Rennes et Strasbourg. Web info sur le site de chaque école.

▶ **Les ENI** de Blois, Brest, Metz et Saint-Etienne • www.ingenieur-eni.fr/index.php.

▶ **Le concours FESIA** est commun à quatre écoles d'ingénieurs agronomiques : EI Purpan Toulouse, EA Angers, ISA Lille et ISARA Lyon ?

▶ **Le concours GEIPI-Polytech** rassemble 27 écoles d'ingénieurs universitaires : Agrosup Dijon, EEIGM Nancy, ENSGSI Nancy, ESSTIN Nancy, ENSIM Le Mans, ESIREM Dijon, ISAT Nevers, ISEL Le Havre, ISTIA Angers, ISTY Vélizy, Sup Galilée Paris, Télécom Lille et Saint-Étienne, Polytech Annecy-Chambéry, Clermont-Ferrand, Grenoble, Lille, Lyon, Marseille, Montpellier, Nantes, Nice-Sophia Antipolis, Orléans, Paris Sud, Paris UPMC, Tours et Polytec BIO • geipi-polytech.org.

▶ **Le concours ICAM** est commun aux ICAM de Lille, Nantes et Toulouse. Web pour info sur le site de chaque école.

▶ **Les INSA** de Lyon, Rennes, Rouen, Strasbourg et Toulouse, ainsi que l'ENSCI Limoges et l'ENSI de Bourges • insa-france.fr/.

▶ **Puissance 11 :** CPE Lyon, EPMI Cergy-Pontoise, ESCOM Compiègne, ESEO Angers/Dijon/Paris, HEI Lille, ISEN Brest/Rennes, IEN Lille, ISEN Toulon, ISEP Avignon/Paris, ESIEE Amiens, ESIEE Noisy-le-Grand, HEI/ISEN/ISEP cycle prépa commun Metz et Orléans • concourspuissance11.fr.

▶ **Le concours UT** est commun aux universités de technologie de Belfort, Compiègne et Sochaux-Montbéliard • utc.fr.

**Ne vous décidez pas à la dernière minute.** La plupart de ces écoles sont très sélectives à l'entrée. Pour parvenir à vous y faire admettre, il faudra sauter l'obstacle d'une sélection sur concours (avec entretien de motivation au moment des épreuves orales). Vous aurez donc un programme à réviser, souvent bien avant le bac, les épreuves commençant dès les mois de mars-avril (parfois plus tard dans l'année scolaire, voire fin août-début septembre dans certains cas). Il est généralement recommandé de réviser dès la fin de l'année de première, au plus tard dès septembre de l'année de terminale. Au préalable, vous vous serez procuré les programmes des diverses épreuves que vous aurez à subir, auprès de la ou des grandes écoles visées, en aurez discuté avec les professeurs concernés, aurez acquis quelques livres, etc.

**Un bon conseil : frappez à plusieurs portes !** Il est fréquent que plusieurs écoles existent dans un même secteur professionnel : pourquoi vous contenter d'une seule candidature ? Multipliez vos chances de réussite en vous présentant à plusieurs concours. Sachez en outre que certaines écoles se sont regroupées et proposent des concours communs qui maximisent vos chances de réussite (voir l'encadré ci-contre).

**Des établissements à taille humaine.** Chaque promotion de grande école compte entre 50 et 250 élèves. C'est certes plus qu'au lycée, mais beaucoup moins qu'en première année d'université. De plus, une importante partie des enseignements est dispensée en groupes plus restreints.

| En résumé | Vous êtes plutôt grande école à recrutement niveau bac si... |
|---|---|

- Vous êtes issu d'une terminale générale.
- Vous avez fait un assez bon ou bon parcours d'études en première-terminale.
- Vous avez un projet professionnel relativement précis.
- Vous désirez entrer dans une filière immédiatement professionnalisée.
- Vous souhaitez que votre spécialisation professionnelle se fasse progressivement.
- Vous êtes prêt à faire quatre ou cinq ans d'études supérieures.
- Vous voulez qu'à la sortie, votre insertion professionnelle se passe bien.
- Vous préférez les formations qui encadrent bien les élèves.
- vous avez le sens du travail ou des activités en équipe.
- Vous parents ont les moyens de financer vos études (si l'école est payante).

**À lire :** ***Bien choisir son école d'art, Bien choisir son école de commerce, Bien choisir son école d'ingénieurs,*** **trois ouvrages publiés aux éditions l'Etudiant.**

La modestie des effectifs permet un encadrement très individualisé, et ce d'autant que dans ce type d'établissements, l'assiduité est régulièrement contrôlée, les professeurs très disponibles, les évaluations permettant de mesurer la progression des élèves fréquentes, et les familles sont informées en cas de difficultés.

Compte tenu du nombre relativement petit d'écoles de ce type (un peu plus d'une centaine seulement dans toute la France) et de la sélection à l'entrée de chacune d'entre elles, ces établissements n'accueillent qu'une faible part des bacheliers : de l'ordre de 5 %. Là encore, comme à l'entrée des classes préparatoires, ce sont les bacheliers généraux qui sont les plus

**Vécu** | **Prépa ou BTS/DUT ?**

Ancien élève de terminale STI spécialité génie civil au lycée Les Eucalyptus, à Nice, Michel hésitait entre tenter sa chance en classe préparatoire scientifique TSI (accessible aux bacheliers STI, nouvellement STI2D), avec la perspective d'entrer ensuite dans une grande école d'ingénieurs, ou viser une plus modeste formation professionnelle courte (DUT génie civil ou BTS bâtiment ou travaux publics, par exemple).

**Y aller par étapes.** « J'en ai beaucoup discuté autour de moi, et ce qui m'a conduit à opter pour une formation professionnelle courte c'était la perspective, après deux ans d'études, d'avoir un double choix : soit de m'insérer sur le marché de l'emploi pour un métier de technicien du bâtiment, soit de me présenter à des concours parallèles en vue d'essayer de me faire admettre dans une grande école d'ingénieur du BTP. Avec mes parents, nous avions peur du saut dans l'inconnu que représentait la prépa : que faire en cas d'échec aux concours au bout de deux ans ? Et puis, je ne pensais pas vraiment avoir le profil pour de telles études. En revanche, en BTS ou DUT j'entrais sur un terrain auquel j'étais bien préparé. En outre, je savais qu'en cas de bonne réussite, je pourrais tenter ma chance à certains concours d'admission parallèles en grande école d'ingénieurs. C'est cette perspective de pouvoir aller vers une grande école par étapes qui m'a conduit à opter pour des études de type BTS/DUT. »

**Le DUT plutôt que le BTS.** « Mon niveau très correct me permettait de choisir entre un BTS bâtiment ou travaux publics et le DUT génie civil. J'ai comparé les deux programmes et regardé de près les statistiques concernant la poursuite d'études. J'ai vite vu qu'il n'y avait pas photo entre les deux : avec le DUT, je multipliais mes chances d'entrer ensuite dans une grande école d'ingénieurs, mais je pouvais tout aussi bien m'insérer sur le marché de l'emploi, si telle était ma préférence au bout de deux ans. J'ai donc naturellement opté pour le DUT, tout en déposant un dossier d'inscription de précaution pour le BTS, pour le cas où ma candidature en IUT ne serait pas retenue (le risque était réel : il y avait nettement moins de places à prendre, et la concurrence des bacheliers S y était plus rude). »

**Un parcours parfait.** « Deux ans après, j'ai à la fois obtenu mon DUT et suis parvenu à entrer au CESI ingénieurs de Montpellier, où je suis actuellement en troisième année, donc à quelques mois du diplôme d'ingénieur des techniques du bâtiment et des travaux publics, celui de mes rêves. Je n'ai aucun souci pour l'insertion professionnelle : dans ce secteur, on s'arrache les diplômés de ce niveau. »

nombreux : en 2010, ils ont représenté 96 % des bacheliers admis dans une grande école à recrutement niveau bac.

## LES IUT, LES STS ET LES ÉCOLES SPÉCIALISÉES

Comme dans les grandes écoles à recrutement niveau bac, les études y sont immédiatement professionnalisées. Nous n'y revenons pas en détail, ce que nous avons écrit précédemment pouvant largement être transposé pour cette voie d'études. Une différence cependant dont nous reparlerons plus loin : la durée des études qui est ici beaucoup plus courte.

Sachez que la variété de ces formations est très importante : les IUT (instituts universitaires de technologie) proposent plus de 40 spécialités (options de deuxième année comprises) de DUT (diplômes universitaires de technologie), les STS (section de techniciens supérieurs) préparent à plus de 140 BTS (brevets de technicien supérieur), et il existe plusieurs centaines d'écoles spécialisées formant à plus de 120 métiers ou secteurs professionnels différents. Si de telles études vous intéressent, vous aurez donc l'embarras du choix.

**Une sélection systématique à l'entrée.** Comme pour les grandes écoles et les classes préparatoires, vous devez vous attendre à subir des épreuves de sélection. Cela se passe le plus souvent sur dossier pour les IUT et STS ; sur concours pour les écoles spécialisées. Là comme ailleurs, la sélection est plus ou moins sévère, selon la formation demandée. Tout le monde comprendra aisément que l'accès à un BTS proposé dans 650 établissements différents sera plus aisé que pour un autre, proposé à seulement quatre exemplaires dans tout le pays. Vous avez donc intérêt à multiplier vos candidatures, non seulement pour une même formation, mais aussi pour des formations différentes mais proches. Il existe, par exemple, trois BTS commerciaux, un DUT et plusieurs dizaines d'écoles de commerce spécialisées.

Attention : vous devrez systématiquement vous soumettre à un entretien ou à la rédaction d'une lettre de motivation (parfois vous devrez faire les deux), et comme ces formations sont professionnalisées, on ne vous pardonnera pas de ne pas être porteur d'un projet préprofessionnel clairement présenté. Face à un candidat qui prétend se faire admettre en IFSI (Institut de formation aux soins infirmiers), en DUT génie thermique et énergie ou en BTS commerce international, chacun comprendra que le jury s'entoure de précaution sur la motivation de celui-ci. Ce genre de formation (comme les grandes écoles à recrutement niveau bac) n'est pas fait pour des élèves qui, en classe de terminale, n'ont pas un projet professionnel clair. Nous disons bien « clair » et pas « pointu » : si, par exemple, vous souhaitez entrer dans la section techniques de commercialisation d'un IUT, le jury comprendra que vous ne puissiez dire quel métier précis vous voulez exercer dans le commerce, mais ne vous pardonnera pas de ne pas pouvoir expliquer votre vocation à vous préparer à une carrière commerciale en général.

**Des études courtes et denses...** En IUT, vous recevrez entre 850 et 1 000 heures de formation par an. C'est encore plus dense en STS (entre 1 000 et 1 300 heures par an) et en écoles spécialisées (entre 900 et 1 200 heures). Ajoutez que ces horaires annuels s'entendent hors stages obligatoires (et « projets tutorés » en IUT).

L'objectif premier de ces formations est de vous conduire à des diplômes de l'enseignement supérieur professionnel court, en deux ou trois ans après le baccalauréat. Cela correspond à une qualification professionnelle intermédiaire (pour accéder à une qualification supérieure, il faut acquérir un diplôme professionnel de niveau bac+4, bac+5, au minimum). Un exemple : si vous vous préparez à une carrière militaire à travers une école spécialisée en trois ans, c'est pour devenir sous-officier. Pour une carrière d'officier, il faut faire des études plus longues, en grande école militaire (Saint-Cyr, Navale, École de l'Air, etc.).

**En résumé** | **Vous êtes plutôt BTS/DUT ou école spécialisée si...**

▶ Vous êtes issu d'une terminale technologique, éventuellement professionnelle (surtout pour les BTS).

▶ Votre parcours première-terminale est significativement supérieur à la moyenne.

▶ Vous préférez la sélection sur dossier plutôt que sur concours (pour les BTS, DUT et certaines écoles).

▶ Vous recherchez une formation immédiatement professionnalisée.

▶ Vous avez un projet professionnel clair.

▶ Vous voulez qu'à la sortie, votre insertion professionnelle se passe dans de bonnes conditions.

▶ Vous recherchez une formation bien encadrée.

▶ Vous visez d'abord un diplôme de niveau bac+2, bac+3 sans vous interdire de prétendre à un diplôme de niveau bac+5 *via* les admissions parallèles.

▶ Vous tenez à vous doter d'un diplôme d'État (BTS, DUT, certaines écoles).

▶ Vous avez l'objectif d'entrer en grande école, mais sans passer par une prépa.

▶ Vous recherchez une formation par contrat d'apprentissage.

**À lire :** *Bien choisir son BTS ou son DUT,* Christelle Boisseau-Potier, éditions l'Etudiant.

**... susceptibles d'être prolongées.** Chaque année, une part importante des diplômés issus de ces formations courtes s'en contente et, sans complexe, se dirige vers le marché de l'emploi en vue d'une profession intermédiaire. Disons clairement que ces formations sont d'abord faites pour cela. Mais vous pourriez faire partie de ceux qui, nantis d'un BTS ou d'un DUT, demandent une prolongation d'études en vue d'aller « plus haut ». Par exemple, pour entrer dans une grande école ou à l'université et tendre vers des diplômes supérieurs. C'est possible, mais vous serez alors contraint de vous soumettre à nouveau à des procédures de sélection (sur concours, dossiers, avec bien sûr un entretien ou une lettre de motivation). Sachez, par exemple, que chaque année, les deux tiers des détenteurs d'un DUT et un tiers des BTS y parviennent. Pourquoi pas vous ?

Ce dernier point explique que deux catégories de bacheliers se présentent à l'entrée de ces filières professionnelles courtes. Il y a, bien sûr, ceux qui cherchent une formation professionnalisée courte pour accéder rapidement à un emploi ; on y trouve aussi des élèves qui visent des diplômes de l'enseignement long et qui, au lieu de passer par les voies normales pour les obtenir (premier cycle universitaire, classe préparatoire ou grande école à recrutement niveau bac), décident de développer une sorte de stratégie de contournement en procédant par étapes : ils préparent d'abord un BTS ou un DUT, un bachelor ou équivalent de niveau bac+2/3 et, si ça marche, rebondissent vers des diplômes de niveau master à bac+5.

**Une spécialisation professionnelle plus immédiate que dans les grandes écoles.** Nous avons vu, en vous présentant les grandes écoles à recrutement niveau bac, que le principe est qu'on s'y spécialise progressivement ; c'est aussi le cas dans la plupart des grandes écoles qui recrutent après une classe préparatoire. On entre certes dans des établissements d'enseignement supérieur qui obligent à choisir un secteur d'activité professionnelle – la chimie, le commerce, la gestion, etc. – mais, sauf cas particulier, c'est progressivement que vous aurez à définir une spécialité plus pointue. Ce qui n'est pas le cas dans les formations de type BTS/DUT/écoles spécialisées.

Du fait qu'elles sont dispensées sur deux ou trois années seulement (au lieu de quatre ou cinq), la plupart des formations proposées par ces établissements sont spécialisées dès le départ. Ce n'est cependant pas systématiquement vrai : ainsi, certaines spécialités d'IUT vous proposent d'abord une première année commune et n'exigent le choix d'une spécialité qu'en seconde année. C'est le cas du DUT gestion des entreprises et des administrations qui se subdivise en deuxième année en trois spécialités : comptabilité-finance, gestion des petites et moyennes organisations, gestion des ressources humaines. Sachez cependant que ces cas sont rares dans ce type de formation. C'est d'ailleurs logique, compte tenu de la modestie du temps global d'études (surtout pour les formations en deux ans seulement). Ceci explique d'ailleurs que les écoles en deux ou trois ans soient appelées écoles spécialisées.

Est-il besoin de préciser qu'en ce qui concerne l'épreuve de la lettre ou de l'entretien de motivation, la partie préprofessionnelle de votre projet devra être plus pointue que pour l'admission en grande école ?

# Des études et un emploi : se former par l'alternance

D'un côté, l'entrée sur le marché du travail au plein sens du terme ; de l'autre, l'entrée dans une filière d'études supérieures en tant qu'étudiant à plein temps. Entre les deux, les formations par l'alternance qui présentent deux avantages : l'entrée sur le marché du travail, la poursuite des études. Chaque année, en France, plusieurs dizaines de milliers de lycéens décident d'entrer dans une formation supérieure dans le cadre d'un contrat d'alternance, qui est un véritable contrat de travail signé avec un employeur. Si la possibilité de se former tout en étant salarié d'une entreprise ou d'une administration vous intéresse, les formations par l'alternance sont faites pour vous.

## LE PRINCIPE

Toute formation par l'alternance repose sur un principe : on associe un cursus de type scolaire à une pratique professionnelle accompagnée (par un tuteur) en entreprise ou dans une administration (selon le diplôme ou la qualification professionnelle préparé). Il y a donc une sorte de va-et-vient (on alterne, d'où le nom de cette voie de formation) entre un lieu de formation (qui peut être un CFA – centre de formation d'apprentis, un lycée, un IUT, une école, une université...) et un lieu d'activité professionnelle. L'alternance correspond donc à un système de formation au sein duquel les choses se jouent à trois : le jeune bien sûr, son employeur et l'organisme de formation.

**Dans le lieu de formation,** le jeune reçoit tous les enseignements de type scolaire (théoriques et professionnels) dont il a besoin pour se doter d'un diplôme de l'enseignement professionnel et/ou d'une qualification professionnelle. Par exemple, si vous préparez un BTS, vous devrez acquérir un bon niveau de connaissance des programmes des enseignements généraux, ne serait-ce que parce que, le jour venu, vous subirez des épreuves d'examen

**Pratique** | **Des sites, lieux et guides pour trouver son employeur**

**Internet.** Nombre d'employeurs proposent des contrats en alternance sur le Web. Ils le font parfois sur leur « site maison » (c'est généralement le cas des grandes entreprises), mais beaucoup choisissent de passer par des sites spécialisés. Attention : les gestionnaires de ces sites n'exercent sur les offres qu'un contrôle très limité. Il vous appartient donc de bien vous renseigner avant de vous engager. Notre sélection : www.lapprenti.com, www.lesmetiers.net, www.pole-emploi.fr, www.emploialternance.fr, www.letudiant.fr.

**Les organismes.** Vous pouvez en outre vous rendre dans les agences du réseau Pôle emploi, les compagnies consulaires (chambres de commerce et d'industrie, chambres d'agriculture, chambres de métiers), les conseils régionaux... Tous dispensent une information très utile (avec publication d'annonces concernant l'alternance). Vous en trouverez les adresses en consultant les Pages Jaunes.

**L'Etudiant,** qui organise chaque année à Paris, Bordeaux, Grenoble, Lille, Lyon, Marne-la-Vallée, Marseille, Nantes, Rennes et Rouen un salon de l'apprentissage et de l'alternance au cours duquel de nombreux employeurs viennent proposer des contrats en alternance, édite également tous les ans un guide sur l'alternance et l'apprentissage. Pour en savoir plus : www.letudiant.fr.

dans ces matières. Cet aspect de votre formation, aucun employeur ne peut le prendre en charge à lui tout seul. Il en va de même pour certains enseignements techniques et professionnels, qui peuvent nécessiter une approche théorique en plus de l'approche pratique dont vous bénéficierez par ailleurs.

**Chez votre employeur-formateur,** vous recevrez une formation pratique. Elle sera dispensée par un tuteur désigné par l'employeur. Il devra veiller (soyez très exigeant sur ce point) à ce que les tâches qui vous seront confiées correspondent bien au diplôme et/ou à la qualification professionnelle que vous préparez. Si vous avez un doute sur ce point crucial (il en va de votre réussite au diplôme final), parlez-en avec votre employeur ainsi qu'aux responsables de votre lieu de formation scolaire. En principe, il ne devrait pas y avoir de problème dans la mesure où tout ceci fait l'objet d'un contrat de travail en bonne et due forme.

## DEUX CONTRATS

L'inscription dans un centre de formation par l'alternance s'accompagne de la signature d'un contrat de travail en alternance avec un employeur. Attention : cet employeur, c'est à vous qu'il appartient de le trouver, et ce n'est pas toujours facile. Bien sûr, l'établissement de formation scolaire peut vous aider : le plus souvent, ses responsables disposent de fichiers d'entreprises qui sont à la recherche de jeunes désireux de s'engager dans un tel système de formation. Il existe par ailleurs de très nombreuses occasions, tout au long de l'année scolaire de terminale, de démarcher utilement : salons de l'orientation et des métiers, petites annonces, sites spécialisés, etc.

Si vous êtes décidé à vous former ainsi, n'attendez pas la fin de l'année scolaire pour commencer à rechercher votre employeur : beaucoup auront déjà épuisé leur capacité d'absorption de jeunes à former par cette voie.

Sachez en outre que certains secteurs professionnels sont nettement plus ouverts à ce système que d'autres : il sera plus facile de trouver un contrat en alternance pour vous former aux métiers de l'hôtellerie-restauration ou de la grande distribution, que pour ceux de la communication audiovisuelle ou de la gestion des ressources humaines.

**Le contrat d'apprentissage** est celui qui rencontre le plus de succès. Logique : c'est le plus ancien et le plus connu. Il offre, si on le souhaite, la possibilité d'enchaîner plusieurs contrats successifs (et donc de tendre vers des diplômes de niveaux supérieurs) et vise à permettre la préparation des diplômes nationaux de l'enseignement professionnel (BTS, DUT, licences professionnelles, BMA – brevet des métiers d'art, diplômes d'écoles reconnues par l'État, etc.). Il s'agit d'un véritable contrat de travail (à durée déterminée) qui concerne les jeunes âgés de moins de 26 ans. De 40 à 50 % du temps de formation se déroule en établissement scolaire, et de 50 à 60 % en milieu professionnel.

**Pratique** | **Qui dit contrat en alternance dit rémunération**

Les personnes formées par l'alternance reçoivent une rémunération, venant en contrepartie du travail qu'ils font chez leur employeur. Cette rémunération est calculée en pourcentage du SMIC (voir tableau) et varie selon l'âge, la durée et le type de contrat en alternance signé. Le SMIC étant revu à la hausse chaque année, à la date du 1er juillet, les chiffres indiqués feront l'objet d'augmentations ultérieures.

| En contrat d'apprentissage (à partir de 18 ans) | Avant 18 ans | De 18 21 ans | Après 21 ans |
|---|---|---|---|
| 1re année | 25 % | 41 % | 53 % |
| 2e année | 37 % | 49 % | 61 % |
| 3e année | 53 % | 65 % | 78 % |
| En contrat de professionnalisation (pendant toute la durée du contrat) | | Avant 21 ans 55 à 65 % | 70 à 80 % |

Exemple de calcul : au 1er juillet 2013, le SMIC s'élevait à 1430,22 € brut mensuel (pour 152 heures de travail par mois). Un apprenti âgé de 20 ans qui est en deuxième année de préparation d'un BTS gagnait 49 % du SMIC, soit 700,70 € par mois.

**Le contrat de professionnalisation** est beaucoup plus récent : il date de 2004. Il est venu remplacer l'ancien contrat de qualification qui a disparu. Ce contrat à durée déterminée concerne les jeunes de moins de 25 ans révolus, désireux de se doter d'une qualification professionnelle reconnue (et pas forcément d'un diplôme officiel : c'est là une différence importante). Il est donc plutôt fait pour ce que les spécialistes appellent « les formations qualifiantes » (alors que le contrat d'apprentissage est plutôt fait pour « les formation diplômantes »), ce qui explique sans doute que les jeunes bacheliers demandeurs d'un contrat en alternance privilégient le contrat d'apprentissage. Autre différence importante : le temps de formation scolaire n'est que de l'ordre de 15 à 25 % du temps global de formation (et donc le temps passé chez l'employeur, de 75 à 85 %). En revanche, avec ce contrat, la rémunération est significativement supérieure.

| En résumé | Vous êtes plutôt fait pour les formations par l'alternance si... |
|---|---|

▶ Vous êtes décidé à suivre une formation professionnelle.

▶ Vous avez un projet professionnel précis.

▶ Vous voulez apprendre un métier par la pratique professionnelle accompagnée par un tuteur.

▶ Vous voulez que la partie concrète, pratique, de la formation prenne une plus grande importance.

▶ Vous souhaitez pleinement bénéficier de l'expérience de vrais professionnels, sans négliger pour autant les apports d'enseignants de métier.

▶ Vous ne voulez pas payer de droit de scolarité.

▶ Vous voulez vous former tout en travaillant.

▶ Vous voulez bénéficier d'un revenu tout en suivant des études.

▶ Vous êtes issu d'un bac technologique ou professionnel.

▶ Vous en avez assez de la formation purement scolaire.

▶ Vous êtes prêt à assumer la charge que représente cette double vie (travail + études).

• À lire : *Apprentissage, alternance : bien choisir sa formation,* éditions l'Etudiant.

## LA DOUBLE ET LOURDE VIE DU FORMÉ PAR L'ALTERNANCE

Avant de vous engager dans une telle voie d'études/travail, vous devez bien mesurer la lourdeur de ce qui vous attend et vous préparer à devoir produire tous les efforts sans lesquels vous ne parviendrez pas au but visé : décrocher le diplôme ou le certificat de qualification final, tout en vous dotant d'une bonne expérience professionnelle. Savez-vous que près d'un tiers des formés par l'alternance disparaissent au cours du premier trimestre de leur formation ? Pourquoi une telle situation ?

**Le facteur principal d'échec** est bien connu : trop nombreux sont ceux qui ont présumé de leurs forces. Ceux qui n'avaient pas bien mesuré le poids de la double vie qu'ils allaient devoir mener : vie d'un professionnel qui exerce à temps partiel chez un employeur, et vie d'un étudiant qui prépare les épreuves d'un examen final souvent exigeant, les mêmes que pour ceux qui n'ont que cela à faire en tant que purs étudiants. Rappelons, par exemple, qu'en tant que salarié, un formé par l'alternance est un actif au plein sens du terme et qu'à ce titre, c'en est fini des congés scolaires : en alternance, vous n'aurez droit qu'à cinq semaines de congés payés.

C'est pourquoi le recrutement d'un jeune qui souhaite se former ainsi se fait en s'entourant de précautions concernant sa motivation : nul ne souhaite donner le feu vert à quelqu'un qui n'est pas suffisamment armé, c'est-à-dire bien doté scolairement, mais présentant aussi une personnalité solide. Vous devez donc vous attendre à subir un entretien de motivation et/ou à rédiger une lettre de motivation.

# Tenir compte de son profil scolaire

Le travail d'un conseiller en matière d'orientation a ceci d'ingrat qu'il est souvent amené à être quelque peu rabat-joie. Vous ne seriez pas le premier bachelier qui découvre que ses études supérieures de prédilection sont, d'après son bilan personnel et les tests que nous venons de voir, celles du secteur santé. Et auquel on répond : « Non : avec ton futur bac L, entrer en première année de médecine, ce n'est pas sérieusement envisageable ! ».

Ce genre de situation est, hélas, fréquent. Hélas, parce que cela conduit parfois à briser des rêves sincères, à freiner des envies authentiques. C'est le moment, très pénible pour certains, où la réalité rattrape le rêve, où ils vont découvrir qu'ils ne seront jamais ingénieur du son, professeur de philosophie, ou chercheur avec un prix Nobel de physique à la clé.

## DE LA NÉCESSITÉ D'AVOIR LE BON PROFIL

Entre vos envies d'études supérieures et ce qui est attendu, il existe une réalité incontournable : votre profil scolaire. Une réalité qui s'impose d'autant plus que, comme nous l'avons vu dans les pages précédentes, mis à part l'admission en première année d'université, l'ensemble des autres filières auxquelles peut prétendre un élève de classe terminale sont sélectives à l'entrée. C'est le cas pour les CPGE, les grandes écoles à recrutement niveau bac, les IUT, les STS, les écoles spécialisées et quelques universités.

**Passer le cap de la sélection.** Vous devez vous attendre à ce que, dans le cas des filières sélectives à l'entrée, les jurys qui sont chargés de faire le tri entre les candidats s'efforcent de ne retenir que ceux qui offrent les plus grandes garanties de pouvoir réussir dans la filière demandée et dans la vie professionnelle qui s'ouvrira à son issue. Malheur à ceux qui n'ont pas le profil. Et bien entendu, dans ce profil attendu par les jurys, le profil scolaire est très

| Vécu | Un ES en licence sciences de la vie |
|---|---|

François, élève de terminale ES avec enseignement de spécialité maths, tenait beaucoup à tenter sa chance en fac de sciences en entrant en licence sciences de la vie. Autour de lui, tout le monde lui déconseillait une telle orientation. Très motivé après la frustration de ne pas avoir été admis en première S après sa classe de seconde, porté par le projet de devenir prof de SVT, il s'est accroché à sa décision, avec une certitude en tête : « Si je n'essaie pas, je vais le regretter toute ma vie. »

« **La première année, j'en ai pris plein la figure!** Autour de moi, les bacheliers S, majoritaires à plus de 90 %, étaient d'un niveau nettement supérieur au mien. Normal! J'ai très vite réalisé que j'avais très peu de chance d'y parvenir du premier coup et me suis donné deux ans pour passer en deuxième année. J'ai quand même beaucoup travaillé : tutorat, cours particuliers, assiduité à tous les cours, gros travail à la bibliothèque universitaire, travail à la maison sur les bouquins de première et terminale S afin de me remettre à niveau... »

« **Ce qui m'a encouragé, c'est qu'aux examens de fin d'année,** j'ai échoué de relativement peu. J'ai senti que si je ne relâchais pas mes efforts, j'aillais y parvenir. C'est ce qui s'est produit. J'ai donc mis deux ans pour franchir la première année de licence, et il m'a de nouveau fallu deux ans pour passer en troisième année. J'ai continué à m'accrocher, à beaucoup bosser, mais j'étais de plus en plus dans le coup. J'ai fini par obtenir mon diplôme de licence. Il m'a fallu pour cela cinq ans au lieu de trois, mais ça valait le coup de persévérer : quand on aime, on ne compte pas! » Depuis, François est entré à l'IUFM (institut universitaire de formation des maîtres) de Créteil. Il a ensuite réussi le CAPES de SVT.

important. Cependant, et c'est heureux, votre personnalité et votre projet professionnel vont également entrer en ligne de compte.

Mais ne vous faites pas d'illusions : un candidat porteur d'un excellent projet professionnel, dont la personnalité est attachante, qui sait bien se « vendre » lors d'un entretien ou par lettre de motivation, ne pourra escompter être admis sur ce seul bagage, surtout lorsque la filière demandée est fortement sélective : ce sont là des conditions nécessaires, mais non suffisantes.

**Le cas particulier des études universitaires.** Certains d'entre vous opposeront à notre raisonnement un fait indiscutable : la quasi-totalité des universités sont non sélectives à l'entrée. Du fait de ce principe, rien n'interdit qu'un bachelier STMG entre en première année de médecine, qu'un élève à profil terminale L, enseignement de spécialité arts plastiques s'inscrive en première année de licence de sciences de la vie, ni même qu'un bachelier professionnel maintenance de véhicules automobiles tente sa chance en licence de droit.

Il est vrai que l'université a ceci d'extraordinaire que tout élève bachelier qui, malgré tous les avis contraires qui peuvent lui être exprimés, désire tenter sa chance dans une filière pour laquelle il n'a *a priori* pas le bon profil scolaire, peut essayer. Comme on l'a vu précédemment, le problème à l'université n'est pas d'y entrer, c'est d'y réussir une fois qu'on y est admis. Et le moins que l'on puisse dire est que l'échec y est important, tout particulièrement durant les deux premières années. Si les étudiants qui ont le profil adéquat sont très nombreux à échouer, alors que dire de ceux qui ne l'ont pas !

## QUEL PROFIL SCOLAIRE POUR QUELLES ÉTUDES SUPÉRIEURES ?

Il y a deux façons de répondre à cette question. La première est donnée par ce que les spécialistes appellent la « structure des orientations par bac d'origine ». Il s'agit de la présentation statistique des études supérieures vers lesquelles les diverses catégories d'élèves de classe terminale (ES, S, L, technologique, professionnel) se sont orientés à la rentrée qui suit leur réussite au baccalauréat. La deuxième consiste à repérer, parmi les diverses filières vers lesquelles les bacheliers se dirigent, celles qui leur réussissent très bien, bien, assez bien ou mal. Dans le second cas, on ne se contente pas d'observer quelles études ils entament, mais quelles sont celles qu'il serait bon de leur recommander ou pas, en fonction des résultats qu'ils y obtiennent. Ces deux indicateurs se complètent donc bien.

**La structure des orientations par bac d'origine.** Chaque année, la DEPP (Direction de l'évaluation, de la prospective et de la performance) du ministère de l'Éducation nationale publie un document très intéressant : « Repères et références statistiques ». Il s'agit d'une véritable mine d'informations statistiques sur le système éducatif français. Dans l'édition parue en 2012, on trouve la présentation de la structure des orientations des diverses catégories de bacheliers ayant obtenu leur diplôme de fin d'études secondaires en 2011.

Ces chiffres ne nous disent donc rien des vœux d'orientation de ces mêmes bacheliers, tels qu'exprimés en cours d'année de terminale. Chacun sait qu'une partie de ces vœux se porte sur des filières sélectives à l'entrée (le bac ou équivalent est alors une condition nécessaire mais non suffisante), quand d'autres s'expriment au profit de filières non sélectives (accessibles sans procédure de sélection à tout bachelier ou porteur d'un diplôme équivalent). On observe donc chaque année des écarts plus ou moins importants entre ce que certains élèves de terminale demandent en priorité, et ce que beaucoup d'entre eux peuvent faire une fois que la sélection les a éventuellement écartés des filières qu'ils désiraient le plus.

**Ce jeu de bascule est bien connu :** les filières sélectives (classes préparatoires, grandes écoles à recrutement niveau bac, filières professionnelles courtes type IUT/STS/écoles spécialisées) recevant un plus grand nombre de candidatures qu'ils n'ont de places à offrir, voient une plus ou moins grande proportion des candidats refoulés s'inscrire par défaut à l'entrée d'une filière universitaire. Inversement, les premiers cycles universitaires accueillent plus d'étudiants que ce qui était prévu au moment des vœux d'orientation, dans la mesure où, en plus de ceux qui ont opté en premier vœu pour l'université (et ont presque automatiquement obtenu satisfaction), s'ajoutent ceux qui y viennent par défaut, c'est-à-dire faute d'avoir été pris dans une filière sélective qui avait leur préférence.

Les données présentées dans les deux tableaux ci-dessous (pages 146 et 147) décrivent donc bien l'orientation effective des bacheliers, telle que constatée à la rentrée qui suit leur réussite au bac (ou à un autre diplôme équivalent).

**La structure (en %) des orientations des bacheliers généraux**
(rentrée de l'année scolaire 2011-2012)

| | *Bacheliers* | | | |
|---|---|---|---|---|
| | ***ES*** | ***L*** | ***S*** | ***Tous bacs généraux*** |
| Entrée en première année de premier cycle universitaire[1] | 52 | 68,7 | 50,3 | 53,5 |
| Entrée en CPGE[2] | 6,2 | 7,9 | 19,3 | 13,2 |
| Entrées en écoles à recrutement niveau bac[3] | 12,6 | 9,7 | 14 | 12,7 |
| Entrée en IUT[4] | 12 | 2,1 | 12,5 | 10,7 |
| Entrée en STS[5] | 11 | 10,6 | 6,7 | 8,7 |
| ***Totaux***[6] | ***93,8*** | ***97*** | ***102,8*** | ***98,8*** |

1. Hors IUT, y compris la part de ces bacheliers qui entrent dans une faculté privée (2 % des ES, 2 % des L, 0,8 % des S, 1,4 % tous bacs généraux confondus).

2. Classes préparatoires aux grandes écoles.

3. Écoles post bac de niveau bac+2 à bac+5 : Instituts d'études politiques, écoles de commerce/gestion/comptabilité, d'ingénieurs, d'architecture, artistiques, de tourisme-hôtellerie, de communication, de notariat, sociales, paramédicales, etc.

4. Instituts universitaires de technologie. Préparent en deux ans au DUT.

5. Sections de technicien supérieur. Préparent en deux ans au BTS.

6. Certains totaux peuvent dépasser 100 du fait de doubles inscriptions (par exemple : en CPGE et à l'université).

*Source :* Repères et références statistiques, *ministère de l'Éducation nationale, 2012.*

**Quels bacheliers s'orientent dans le supérieur?** Les chiffres les plus importants sont ceux des bacheliers généraux (quasiment tous), suivis des bacheliers technologiques (77 % de poursuite d'études), les bacheliers professionnels fermant la marche avec un taux de 28,7 % (en augmentation régulière et forte depuis trois ans). Ces chiffres s'expliquent parfaitement : les bacheliers généraux ne sont absolument pas armés pour se diriger directement après le bac vers le marché de l'emploi. En outre, ils sont bien souvent issus de catégories socioprofessionnelles pour lesquelles faire des études supérieures est la moindre des choses. Inversement, les bacheliers professionnels sont bien armés pour aller vers le marché de l'emploi et proviennent le plus

**La structure (en %) des orientations des bacheliers technologiques et professionnels**
(rentrée de l'année scolaire 2011-2012)

| | *Bacheliers* | | | | |
|---|---|---|---|---|---|
| | *STG[1] (STMG)* | *STI[1] (STI2D)* | *Autres technos[2]* | *Tous bacs technos* | *Tous bacs pros* |
| Entrée en première année de premier cycle universitaire[3] | 22,2 | 8,7 | 18,1 | 19,9 | 8 |
| Entrée en CPGE[4] | 1,5 | 3 | 0,6 | 1,5 | 0 |
| Entrée en écoles à recrutement niveau bac[5] | 4,8 | 4,2 | 8,4 | 5,7 | 1 |
| Entrée en IUT[6] | 9,4 | 17,7 | 3,6 | 9,9 | 0,9 |
| Entrée en STS[7] | 45 | 55,6 | 25,9 | 42 | 18,8 |
| ***Totaux*** | ***82,9*** | ***89,2*** | ***56,6*** | ***77*** | ***28,7*** |

1. Bac réformés en 2013.

2. Bacs STL, ST2S, STAV, hôtellerie, techniques de la musique et de la danse.

3. Hors IUT, y compris la part de ces bacheliers qui entrent dans une faculté privée : 0,1 % des STG, 0,2 % des autres bacheliers technologiques.

4. Classes préparatoires aux grandes écoles.

5. Écoles post bac de niveau bac+2, bac+5 : écoles de commerce/gestion /comptabilité, d'ingénieurs, d'architecture, artistiques, de tourisme-hôtellerie, de communication, de secrétariat, sociales, paramédicales, etc.

6. Instituts universitaires de technologie. Préparent en deux ans au DUT.

7. Sections de technicien supérieur. Préparent en deux ans au BTS.

*Source :* Repères et références statistiques, *ministère de l'Éducation nationale, 2012.*

souvent de catégories socioprofessionnelles pour lesquelles « le bac c'est déjà bien ». Les bacheliers technologiques occupent une position intermédiaire, aussi bien en ce qui concerne le niveau de la professionnalisation (modeste, donc peu propice – mais un peu tout de même – à l'intégration sur le marché de l'emploi), que l'ambition des familles en termes de niveau minimal d'études à atteindre.

**Qui choisit l'enseignement supérieur long ?** Les bacheliers généraux sont proportionnellement beaucoup plus nombreux à s'engager dans des filières de l'enseignement supérieur long (conduisant normalement à des diplômes de niveau bac+5 : les trois quarts, si on additionne les flux d'entrée en première année d'université, en classe préparatoire et en grande école à recrutement niveau bac) que les bacheliers technologiques (nettement plus attirés par les filières professionnelles courtes : 55 %). Quant aux bacheliers professionnels, notons que parmi la minorité (28,7 %), qui poursuit ses études dans le supérieur, près des trois quarts optent pour des études supérieures professionnelles courtes, tout particulièrement pour les STS. Ainsi s'explique que généralement, les bacheliers généraux qui réussissent sortent de l'enseignement supérieur avec des diplômes de niveaux bac+4, bac+5 ou plus, tandis que les bacheliers technologiques et professionnels qui sont en situation de réussite dans le supérieur sont majoritaires à se contenter de diplômes de niveaux bac+2, bac+3.

**BTS ou DUT ?** Si on compare les taux d'orientation vers les IUT d'une part, les STS d'autre part, on note que les bacheliers généraux sont proportionnellement nettement plus attirés (et admis) dans les IUT, que les bacheliers technologiques (et plus encore, les bacheliers professionnels), qui frappent très majoritairement à la porte des STS. Près de six bacheliers généraux sur dix entrant dans l'une de ces deux voies d'études le font en IUT, alors que ce n'est le cas que de deux bacheliers technologiques sur dix et de moins d'un bachelier professionnel sur vingt !

Le fait est que les STS (surtout publiques) pratiquent clairement une sorte de politique de discrimination positive en faveur des bacheliers technologiques et professionnels, en leur accordant une légère préférence (par rapport aux bacheliers généraux) lors du tri des candidatures. Rappelons que pour les bacheliers professionnels, cette préférence est conditionnée à l'obtention du bac avec mention bien ou très bien. Elle est officiellement justifiée par le fait que ces bacheliers trouvent là leur terrain de meilleure réussite et des formations bien professionnalisées, plus conformes à leur profil. De leur côté, les IUT sont moins enclins à pratiquer une telle politique.

Par ailleurs, on note qu'à l'issue des IUT, plus des deux tiers des diplômés parviennent à prolonger leurs études en deuxième cycle, alors que ce n'est en moyenne le cas que d'un tiers de ceux qui décrochent le BTS après deux années en STS. Compte tenu du fait que les bacheliers technologiques et professionnels visent beaucoup moins les études longues que les bacheliers généraux, on comprend que ces derniers soient plus nombreux à demander l'admission en IUT, alors que les technos et les pros le font plus volontiers en direction des STS.

## QUELLES SONT LES FILIÈRES RECOMMANDÉES SELON VOTRE BAC ET VOTRE SPÉCIALITÉ ?

Au lycée, vous êtes engagé dans la préparation d'un baccalauréat S, ES, L, STMG, STI2D ou autre bac technologique. De plus, en entrant en première, puis terminale, vous avez fait des choix d'enseignements optionnels obligatoires (par exemple : l'enseignement de spécialité en terminale) et parfois facultatifs. Ainsi, par exemple, vous n'êtes pas un simple futur bachelier ES, mais un ES spécialisé en maths ou encore, un STMG spécialisé en mercatique, un STI2D énergie et environnement, un L latin/grec classique, un S sciences de l'ingénieur, etc.

**À chaque profil d'études secondaires** correspondent des études supérieures plus particulièrement recommandées. Comprenons-nous bien : par « recommandées », nous entendons des études supérieures pour lesquelles l'élève qui a suivi un parcours convenable en première et en terminale devrait être armé pour réussir. Ainsi, contrairement à ce que pensent certains, il ne suffit pas d'avoir préparé un bac S spécialité maths pour voir s'ouvrir toutes les portes de l'enseignement supérieur : encore faut-il qu'elles se soient correctement (et même, si possible, bien ou très bien) déroulées. Par ailleurs, ces études recommandées sont celles que l'on observe comme étant les plus aisément accessibles et réussies pour chacun des profils scolaires considérés. Elles ne sont donc pas exclusives de certains projets plus ou moins atypiques.

Est-il besoin de préciser que les informations que vous trouverez dans les tableaux qui suivent doivent être recoupées avec les résultats aux questionnaires et tests qui précèdent. Ce n'est pas parce qu'en moyenne, les bacheliers ES, pour leurs trois spécialités, se voient fortement recommander la filière AES (+++ dans les trois colonnes) que vous devez vous y inscrire sans aller plus loin dans votre réflexion. Vous devez prendre en compte d'autres éléments : votre grande voie d'études supérieures de prédilection (telle que dégagée par le premier test proposé en début de partie) est-elle bien la voie universitaire ? Les débouchés professionnels qui se présentent à la sortie correspondent-ils bien à votre projet professionnel ? Et plus simplement : n'y a-t-il pas d'autres filières d'études supérieures dont le contenu vous intéresse nettement plus ? C'est pour cela que bien d'autres filières s'accompagnent d'un +++ pour chaque type de bachelier ES.

En outre, ce n'est pas parce qu'une filière est peu ou non recommandée au plus grand nombre que vous devez individuellement la négliger. Ainsi, le fait qu'en moyenne la filière licence d'économie-gestion soit contre-indiquée aux quatre types de bacheliers STMG s'explique parce qu'ils sont très peu nombreux à y réussir (et à la demander). Cependant, certains y parviennent. Alors, pourquoi pas vous, si vous avez le bon profil, si votre voie d'études supérieures de prédilection est bien l'université, si vous êtes armé scolairement (notamment en maths) et si les débouchés professionnels que vous visez peuvent se préparer en s'engageant dans de telles études, etc. ?

**Pour vous faciliter la lecture des tableaux**, nous avons convenu, pour chaque filière recommandée, de noter +++, ++ et +, selon qu'elles sont très fortement, fortement ou un peu recommandées, et nous avons mis le signe –, lorsque nous ne vous les recommandons pas. Par ailleurs, les tableaux courant parfois sur plusieurs pages, nous avons regroupé les notes à la fin de chacun d'eux.

Une dernière chose avant d'entrer dans les détails : lorsque nous écrivons qu'une formation supérieure est recommandée, cela ne renvoie pas à une logique de label. Rien, dans l'usage de ce qualificatif, ne découle du fait qu'à nos yeux, la formation recommandée (signalée par le signe +++, par exemple) serait de très bonne réputation, quand celles qui sont l'objet d'un signalement par – seraient à écarter au prétexte d'une mauvaise qualité de la formation dispensée, ou d'une réputation douteuse. Recommandé signifie simplement qu'on a observé que la catégorie de bacheliers concernés, une fois admis dans la filière, y réussit très bien (+++), bien (++) ou assez bien (+). Ainsi, par exemple, si vous vous reportez au tableau concernant les filières recommandées aux bacheliers S, vous noterez que, sur la première ligne concernant la licence sciences et structure de la matière, les

S spécialité maths ont +++, ce qui signifie que leur réussite dans cette filière est très bonne, rien de plus.

**Pour les élèves de terminale S.** En terminale S, les élèves peuvent choisir l'un des trois enseignements de spécialité suivants : informatique et science du numérique approfondissement en maths, en physique-chimie ou en sciences de la vie et de la Terre. Ajoutons qu'en première, une petite partie d'entre eux a choisi de remplacer l'enseignement de SVT par des sciences de l'ingénieur, ou encore par un enseignement à dominante d'agronomie dans les lycées agricoles. Il existe donc six profils principaux de bacheliers S. Nous vous présentons les filières d'études supérieures plus particulièrement recommandées pour chacun d'eux.

**Les filières recommandées aux bacheliers S**

| Filières d'enseignement supérieur | Spécialité en classe terminale | | | | | |
|---|---|---|---|---|---|---|
| | *Maths* | *Physique-chimie* | *SVT* | *Sciences de l'ing.* | *Informatique et science du numérique* | *Agronomie* |
| Licence SSM[1] | +++ | +++ | + | ++ | +++ | – |
| Licence SV[2] | ++ | ++ | +++ | ++ | ++ | + |
| Licence STPI[3] | +++ | ++ | + | +++ | +++ | – |
| Licence STU[4] | ++ | ++ | +++ | – | ++ | + |
| Licence EEA[5] | +++ | ++ | + | +++ | +++ | + |
| Licence MASS[6] | +++ | ++ | ++ | ++ | ++ | + |
| Licence STAPS[7] | ++ | ++ | +++ | – | ++ | + |
| Licence économie-gestion | +++ | ++ | ++ | ++ | ++ | ++ |
| Licence droit | ++ | ++ | ++ | ++ | ++ | ++ |
| Licence AES[8] | +++ | +++ | +++ | +++ | +++ | +++ |
| Licence psychologie | +++ | +++ | +++ | + | ++ | + |
| Autres licences sciences humaines[9] | ++ | ++ | ++ | ++ | ++ | + |

▶

## Les filières recommandées aux bacheliers S (suite)

| **Filières d'enseignement supérieur** | **Spécialité en classe terminale** | | | | | |
|---|---|---|---|---|---|---|
| | *Maths* | *Physique-chimie* | *SVT* | *Sciences de l'ing.* | *Informatique et science du numérique* | *Agronomie* |
| Licence langues | + | + | + | + | + | – |
| Licence lettres | + | + | + | + | + | – |
| Médecine-pharmacie | | ++ | ++ | + | + | ++ |
| Prépa scientifique MPSI[10] | +++ | ++ | – | +++ | ++ | – |
| Prépa scientifique PCSI[11] | +++ | +++ | – | +++ | +++ | – |
| Prépa scientifique PTSI[12] | + | ++ | – | +++ | ++ | – |
| Prépa scientifique BCPST[13] | ++ | +++ | +++ | ++ | ++ | + |
| Prépa économique et commerciale option scientifique | +++ | ++ | ++ | ++ | +++ | + |
| Prépas littéraires B/L[14] | +++ | ++ | ++ | ++ | ++ | + |
| Autres prépas littéraires[15] | + | + | + | – | + | – |
| Grandes écoles d'ingénieurs ou scientifiques à recrutement niveau bac | +++ | +++ | ++ | +++ | +++ | ++ |
| Grandes écoles de commerce et gestion ou autres tertiaires à recrutement niveau bac | ++ | ++ | ++ | ++ | +++ | + |
| Instituts d'études politiques | ++ | ++ | ++ | | ++ | – |
| Écoles d'architecture | ++ | ++ | + | ++ | ++ | – |

## Les filières recommandées aux bacheliers S (suite et fin)

| Filières d'enseignement supérieur | Spécialité en classe terminale | | | | | |
|---|---|---|---|---|---|---|
| | *Maths* | *Physique-chimie* | *SVT* | *Sciences de l'ing.* | *Informatique et science du numérique* | *Agronomie* |
| DUT industriels ou scientifiques | +++ | +++ | ++ | +++ | +++ | + |
| BTS industriels ou scientifiques | +++ | +++ | ++ | +++ | +++ | + |
| DUT tertiaires | ++ | ++ | ++ | + | ++ | + |
| BTS tertiaires | ++ | ++ | ++ | + | ++ | + |
| BTS agricoles | – | – | + | – | – | +++ |
| Écoles paramédicales | +++ | +++ | +++ | + | +++ | + |

1. SSM : sciences de la structure et de la matière.
2. SV : sciences de la vie.
3. STPI : sciences et technologies pour l'ingénieur.
4. STU : sciences de la Terre et de l'Univers.
5. EEA : électronique, électrotechnique et automatique.
6. MASS : mathématiques appliquées et sciences sociales.
7. STAPS : sciences et techniques des activités physiques et sportives.
8. AES : administration économique et sociale.
9. Géographie, histoire, sociologie.
10. MPSI : mathématiques, physique et sciences de l'ingénieur.
11. PCSI : physique, chimie et sciences de l'ingénieur.
12. PTSI : physique, technologie et sciences de l'ingénieur.
13. BCPST : biologie, chimie, physique et sciences de la Terre.
14. LMSH : lettres, maths et sciences sociales.
15. Lettres sup, Saint-Cyr lettres, École nationale des chartes.

**Pour les élèves de terminale ES.** Tout élève de terminale ES est porteur d'une spécialité, par le choix d'un enseignement optionnel obligatoire qui a le plus souvent débuté en entrant en première. À l'issue des années lycée, on a donc trois types de bacheliers ES : ceux qui se sont spécialisés en mathématiques, en économie approfondie ou en sciences sociales et politiques. Voici quelles sont, pour chacun des trois profils de bacheliers ES, les filières d'études supérieures les plus recommandées.

| Les filières recommandées aux bacheliers ES | | | |
|---|---|---|---|
| **Filières d'enseignement supérieur** | **Spécialité en classe terminale** | | |
| | ***Maths*** | ***Économie approfondie*** | ***Sciences sociales et politiques*** |
| Licence AES[1] | +++ | +++ | +++ |
| Licence économie-gestion | ++ | ++ | + |
| Licence droit | ++ | ++ | ++ |
| Licence géographie | +++ | ++ | +++ |
| Licence histoire | +++ | +++ | +++ |
| Licence psychologie | +++ | ++ | ++ |
| Licence sociologie | +++ | ++ | +++ |
| Licence lettres modernes | + | + | ++ |
| Licence LEA[2] | ++ | ++ | ++ |
| Licence LLCE[3] | ++ | ++ | ++ |
| Licence STAPS[4] | ++ | ++ | ++ |
| Grandes écoles de commerce-gestion et autres tertiaires à recrutement niveau bac | +++ | +++ | ++ |

| Les filières recommandées aux bacheliers ES (suite) | | | |
|---|---|---|---|
| **Filières d'enseignement supérieur** | **Spécialité en classe terminale** | | |
| | ***Maths*** | ***Économie approfondie*** | ***Sciences sociales et politiques*** |
| Instituts d'études politiques | ++ | +++ | +++ |
| Écoles d'architecture | ++ | + | + |
| Classe préparatoire économique et commerciale option économie | +++ | ++ | ++ |
| Prépas ENS Cachan sections D1 et D2 | +++ | ++ | + |
| Prépas littéraires B/L | ++ | + | - |
| Prépas lettres sup | + | + | + |
| Prépas lettres sup Saint-Cyr | ++ | ++ | ++ |
| DUT techniques de commercialisation, carrières sociales, info-com, carrières juridiques | ++ | +++ | +++ |
| DUT assurance, banque, GACo[5], GEA[6], GLT[7], STID[8] | +++ | +++ | ++ |
| BTS CI[9], secrétariat trilingue, tourisme, hôtellerie | ++ | ++ | +++ |
| BTS ESF[10], MUC[11], NRC[12], communication des entreprises professions immobilières, transport, notariat | ++ | ++ | ++ |
| BTS assistant de manager, CGO[13], IG[14], assistant de gestion PME/PMI, SP3S[15] | +++ | ++ | ++ |

▶

▶ **Les filières recommandées aux bacheliers ES (suite et fin)**

| **Filières d'enseignement supérieur** | **Spécialité en classe terminale** | | |
|---|---|---|---|
| | ***Maths*** | ***Économie approfondie*** | ***Sciences sociales et politiques*** |
| IFSI[16] | ++ | ++ | ++ |
| École d'assistantes sociales | ++ | ++ | +++ |
| Écoles spécialisées tertiaires | +++ | +++ | +++ |

1. AES : administration économique et sociale.
2. LEA : langues étrangères appliquées.
3. LLCE : langues, littératures et civilisations étrangères.
4. STAPS : sciences et techniques des activités physiques et sportives.
5. GACo : gestion administrative et commerciale.
6. GEA : gestion des entreprises et des administrations.
7. GLT : gestion logistique et transport.
8. STID : statistiques et traitement informatique des données.
9. CI : commerce international.
10. ESF : économie sociale et familiale.
11. MUC : management des unités commerciales.
12. NRC : négociation et relation clients.
13. CGO : comptabilité et gestion des organisations.
14. IG : informatique de gestion.
15. SP3S : services et prestations des secteurs sanitaire et social.
16. IFSI : institut de formation aux soins infirmiers.

**Pour les élèves de terminale L.** Quatre profils spécialisés s'offrent à un élève de terminale L, par le choix d'un enseignement optionnel obligatoire, en première, puis terminale : langues étrangères, langues et cultures de l'Antiquité, arts, mathématiques, et droit et grands enjeux du monde contemporain. Voyons ce que sont les filières d'enseignement supérieur plus particulièrement recommandées pour chacun de ces cinq profils.

| Les filières recommandées aux bacheliers L | | | | | |
|---|---|---|---|---|---|
| **Filières d'enseignement supérieur** | **Spécialité en classe terminale** | | | | |
| | ***Langues*** | ***Lettres classiques*** | ***Arts***[1] | ***Maths*** | ***Droit et GEMC***[15] |
| Licence lettres modernes | +++ | +++ | ++ | ++ | ++ |
| Licence lettres classiques | + | +++ | + | + | + |
| Licence LLCE[2] | +++ | ++ | ++ | ++ | ++ |
| Licence LEA[3] | +++ | ++ | ++ | ++ | +++ |
| Licence arts[4] | + | + | +++ | + | + |
| Licence géographie | – | – | – | ++ | + |
| Licence histoire | ++ | ++ | ++ | ++ | ++ |
| Licence psychologie | + | + | + | ++ | + |
| Licence sociologie | + | + | + | ++ | ++ |
| Licence droit | ++ | ++ | + | ++ | +++ |
| Licence AES[5] | + | – | – | ++ | ++ |
| Licence économie-gestion | – | – | – | + | + |
| Licence STAPS[6] | – | – | – | + | – |
| Écoles d'art à recrutement niveau bac | ++ | + | +++ | – | – |
| Écoles de commerce à recrutement niveau bac | ++ | + | + | ++ | ++ |
| Autres écoles tertiaires à recrutement niveau bac[7] | ++ | + | + | + | ++ |
| Instituts d'études politiques | ++ | + | + | + | ++ |
| Écoles d'architecture | + | + | ++ | ++ | + |
| Prépa lettres sup | ++ | +++ | + | ++ | ++ |
| Prépa lettres sup Saint-Cyr | ++ | ++ | + | ++ | ++ |
| Prépa lettres sup chartes | + | ++ | + | + | + |
| Prépa économique et commerciale option économique | – | – | – | + | + |

▶

## Les filières recommandées aux bacheliers L (suite et fin)

| Filières d'enseignement supérieur | Spécialité en classe terminale | | | | |
|---|---|---|---|---|---|
| | *Langues* | *Lettres classiques* | *Arts*[1] | *Maths* | *Droit et GEMC*[15] |
| DUT carrières juridiques, carrières sociales, info-com, techniques de commercialisation | ++ | + | – | ++ | ++ |
| DUT assurance, GEA[8], GLT[9] | – | – | – | + | ++ |
| BTS secrétariat, communication des entreprises, MUC[10], NRC[11], professions immobilières | ++ | + | + | ++ | ++ |
| BTS CI[12], tourisme, hôtellerie, notariat, SP3S[13] | ++ | + | + | + | + |
| IFSI[14] | + | + | – | + | + |
| Écoles d'assistant social | + | + | – | + | ++ |

1. Selon l'offre de chaque lycée : arts plastiques, cinéma-audiovisuel, danse, histoire des arts, musique, théâtre-expression dramatique.
2. LLCE : langues, littératures et civilisations étrangères.
3. LEA : langues étrangères appliquées.
4. Licences d'arts plastiques, histoire des arts et archéologie, musique et arts du spectacle (divers).
5. AES : administration économique et sociale.
6. STAPS : sciences et techniques des activités physiques et sportives.
7. Écoles de communication, secrétariat, tourisme, etc.
8. GEA : gestion des entreprises et des administrations.
9. GLT : gestion logistique et transport.
10. MUC : management des unités commerciales.
11. NRC : négociation et relation clients.
12. CI : commerce international.
13. SP3S : services et prestations des secteurs sanitaire et social.
14. IFSI : institut de formation aux soins infirmiers.
15. Droit et GEMC : droit et grands enjeux du monde contemporain.

**Pour les élèves de terminale STMG.** Rappelons que le bac STMG (sciences et technologies du management et de la gestion) a récemment succédé à l'ancien bac STG (sciences et technologies de la gestion). En septembre 2014, la première promotion de ce baccalauréat rénové entrera dans l'enseignement supérieur.

| Les filières recommandées aux bacheliers STMG | | | | |
|---|---|---|---|---|
| **Filières d'enseignement supérieur** | **Spécialité en classe terminale** | | | |
| | ***GF*[1]** | ***SIG*[2]** | ***RHC*[3]** | ***Mtg*[4]** |
| **BTS GCO[5]** | +++ | ++ | – | + |
| **BTS IG[6]** | + | +++ | – | – |
| **BTS MUC[7], NRC[8]** | + | + | + | +++ |
| **BTS assistant de manager** | ++ | + | +++ | + |
| **BTS CI[9]** | + | – | – | + |
| **BTS tourisme** | ++ | ++ | ++ | ++ |
| **BTS notariat** | + | + | ++ | ++ |
| **BTS professions immobilières** | ++ | ++ | ++ | ++ |
| **BTS assurance** | ++ | ++ | + | ++ |
| **BTS transport** | ++ | ++ | + | ++ |
| **BTS communication des entreprises** | + | + | ++ | ++ |
| **DUT GEA[10]** | ++ | + | + | + |
| **DUT techniques de commercialisation** | + | + | + | ++ |
| **DUT STID[11]** | + | ++ | – | – |
| **DUT GACo[12]** | ++ | + | – | + |
| **DUT information-communication** | – | – | + | + |
| **DUT carrières juridiques** | + | – | + | + |
| **DUT carrières sociales** | – | – | + | – |
| **DUT GLT[13]** | ++ | + | + | + |

▶

| Les filières recommandées aux bacheliers STMG (suite) | | | | |
|---|---|---|---|---|
| **Filières d'enseignement supérieur** | **Spécialité en classe terminale** | | | |
| | *GF*[1] | *SIG*[2] | *RHC*[3] | *Mtg*[4] |
| Diplôme de comptabilité et de gestion | +++ | ++ | + | + |
| Écoles spécialisées commerciales | ++ | + | + | +++ |
| Écoles spécialisées de gestion et comptabilité | +++ | ++ | – | + |
| Écoles spécialisées de secrétariat | + | + | +++ | + |
| Écoles spécialisées de communication | + | + | ++ | ++ |
| Écoles spécialisées de tourisme ou hôtellerie | – | – | + | + |
| Licence AES[14] | + | + | + | + |
| Licence droit | + | + | + | + |
| Licence économie-gestion | + | – | – | – |
| Licence langues | – | – | – | + |
| Autres licences | – | – | – | – |
| Grandes écoles de commerce-gestion à recrutement niveau bac | + | + | + | + |
| Prépa économique et commerciale option technologique | ++ | + | + | ++ |

1. GF : gestion et finance.
2. SIG : systèmes d'information de gestion.
3. RHC : ressources humaines et communication.
4. Mtg : mercatique (marketing).
5. GCO : gestion et comptabilité des organisations.

| Les filières recommandées aux bacheliers STMG (suite et fin) |
|---|
| 6. IG : informatique de gestion. |
| 7. MUC : management des unités commerciales. |
| 8. NRC : négociation et relation clients. |
| 9. CI : commerce international. |
| 10. GEA : gestion des entreprises et des administrations. |
| 11. STID : statistique et traitement informatique des données. |
| 12. GACo : gestion administrative et commerciale. |
| 13. GLT : gestion logistique et transport. |
| 14. AES : administration économique et sociale. |

**Pour les élèves de terminale STI2D.** Ce bac STI2D (sciences et technologies de l'industrie et du développement durable) comporte quatre spécialités : ITEC (innovation technologique et éco-conception), SIN (système d'information et numérique), EDD (énergies et développement durable), et AC (architecture et construction).

**Les filières recommandées aux bacheliers STI2D**

| Filières d'enseignement supérieur | Spécialité en classe terminale | | | |
|---|---|---|---|---|
| | *ITEC*[1] | *SIN*[2] | *EDD*[3] | *AC*[4] |
| BTS agencement de l'environnement architectural | – | – | + | ++ |
| BTS bâtiment, travaux publics, système constructif bois et habitat | ++ | + | – | ++ |
| BTS chimiste, plasturgie | ++ | – | – | – |
| BTS réalisation ouvrages chaudronnés, constructions métalliques | +++ | + | – | + |

| **Les filières recommandées aux bacheliers STI2D** | | | | |
|---|---|---|---|---|
| **Filières d'enseignement supérieur** | **Spécialité en classe terminale** | | | |
| | ***ITEC*** [1] | ***SIN*** [2] | ***EDD*** [3] | ***AC*** [4] |
| BTS électricité,systèmes électroniques, électromécanique, domotique | + | +++ | – | – |
| BTS génie optique | – | – | + | – |
| BTS traitement des matériaux | ++ | + | + | + |
| BTS fluides-énergie-environnement | + | – | +++ | + |
| BTS informatique et réseaux pour l'industrie et les services techniques | – | +++ | – | - |
| BTS étude et réalisation d'outillages de mise en forme de matériaux | ++ | +++ | – | + |
| BTS mécanique et automatismes industriels | + | +++ | – | – |
| BTS maintenance (industrielle, des engins de travaux publics et manutention), maintenance et après-vente automobile | + | ++ | – | – |
| DUT génie civil | ++ | ++ | + | ++ |
| DUT génie du conditionnement et emballage | ++ | – | – | – |
| DUT génie électrique et informatique industrielle | – | +++ | + | – |
| DUT génie industriel et maintenance | + | +++ | – | – |
| DUT génie mécanique et productique | + | +++ | – | – |

| Les filières recommandées aux bacheliers STI2D | | | | |
|---|---|---|---|---|
| **Filières d'enseignement supérieur** | **Spécialité en classe terminale** | | | |
| | ***ITEC*[1]** | ***SIN*[2]** | ***EDD*[3]** | ***AC*[4]** |
| DUT génie thermique et énergie | – | – | +++ | – |
| DUT mesures physiques | – | ++ | – | – |
| DUT qualité, logistique industrielle et organisation | + | ++ | – | – |
| DUT réseaux et communication | – | ++ | – | – |
| DUT sciences et génie des matériaux | + | – | – | + |
| DUT services et réseaux de communication | – | ++ | – | – |
| Licence électronique, électrotechnique et automatique | – | + | – | – |
| Licence sciences et technologies pour l'ingénieur | + | + | – | – |
| Autres licences | – | – | – | – |
| Prépa maths sup' TSI[5] | + | ++ | + | + |
| Écoles d'ingénieurs à recrutement niveau bac[6] | + | + | + | + |

1. ITEC : innovation technologique et éco-conception.
2. SIN : système d'information et numérique.
3. EDD : énergies et développement durable.
4. AC : architecture et construction.
5. Classes préparatoires technologie et sciences industrielles.
6. Si l'école d'ingénieurs visée correspond au champ de spécialité du bac STI2D.

**Pour les élèves de terminale STD2A** (sciences et technologies du design et des arts appliqués), les filières d'enseignement supérieur recommandées sont les suivantes :

| Les filières recommandées aux bacheliers STD2A | |
|---|---|
| Écoles nationales d'arts appliqués (les quatre parisiennes : Boulle, Duperré, Estienne, Olivier-de-Serres, et l'ESAAT[1] Roubaix) | ++ |
| Écoles privées d'arts appliqués | +++ |
| ENSAD[2] | ++ |
| ENSCI[3] | + |
| Les écoles nationales[4] et territoriales[5] d'art | ++ |
| DMA[6] arts de l'habitat | ++ |
| DMA arts du décor architectural | ++ |
| DMA arts graphiques | ++ |
| DMA arts textiles et céramiques | ++ |
| DMA cinéma d'animation | + |
| DNAT[7] | ++ |
| BTS agencement de l'environnement architectural | + |
| BTS art céramique | + |
| BTS communication et industries graphiques | +++ |
| BTS communication visuelle | +++ |
| BTS design d'espace | +++ |
| BTS design de mode, textile et environnement | +++ |
| BTS design de produits | +++ |
| BTS expression visuelle | +++ |
| BTS photographie | ++ |
| Prépa ENS Cachan (section design) | + |
| Licence d'arts appliqués | +++ |
| Licence d'arts plastiques | + |
| Autres licences | – |

1. ESAAT : École supérieure des arts appliqués et du textile de Roubaix.
2. ENSAD : École nationale supérieure des arts décoratifs de Paris.

| Les filières recommandées aux bacheliers STD2A |
|---|
| 3. ENSCI : École nationale supérieure de création industrielle de Paris.<br>4. Sept écoles situées à Arles, Bourges, Cergy-Pontoise, Dijon, Limoges-Aubusson, Nancy et Nice.<br>5. 48 écoles régionales ou municipales (adresses dans les préfectures de région et les mairies).<br>6. DMA : diplôme des métiers d'art.<br>7. DNAT : diplôme national d'arts et techniques. |

**Pour les élèves de terminale ST2S** (sciences et technologies de la santé et du social). Cette voie d'étude est une spécialité à elle seule. C'est la raison pour laquelle, contrairement aux filières qui précèdent, notre tableau ne comporte pas de mention de « spécialité choisie en classe terminale ».

Comme vous allez pouvoir le constater, ce bac est pauvre en débouchés : aucune licence universitaire n'est conseillée, il n'existe pas de classe préparatoire pour les ST2S, peu de BTS, un seul DUT (rare de surcroît)… et une seule filière comporte la mention +++ indiquant une voie d'étude fortement conseillée. Ceci s'explique par un phénomène, rare chez les bacheliers technologiques : en 2012, ils ont été 35 % à interrompre leurs études après ce bac, préférant tenter de s'insérer sur le marché de l'emploi. Ce chiffre est en baisse régulière depuis trois ans.

À titre comparatif, ils sont près de 80 % à prolonger leurs études à l'issue de toutes les autres voies d'études secondaires technologiques. C'est en grande partie pour palier ce phénomène négatif qu'il a été décidé de réformer l'ancien bac SHS, et de le remplacer par le bac ST2S.

| Les filières recommandées aux bacheliers ST2S | |
|---|---|
| BTS diététique | + |
| BTS économie sociale et familiale | ++ |
| BTS esthétique-cosmétique | + |
| BTS podo-orthésiste | + |

| Les filières recommandées aux bacheliers ST2S | |
|---|---|
| BTS prothésiste-orthésiste | + |
| BTS services et prestations des secteurs sanitaire et social | +++ |
| DUT carrières sociales | + |
| Instituts de formation aux soins infirmiers | ++ |
| Autres écoles paramédicales | + |
| Écoles d'assistances sociales | + |
| Écoles de formation d'éducateurs | + |
| Écoles de secrétariat | + |
| Toutes licences universitaires | – |

**Pour les élèves de terminale STL** (sciences et technologies des laboratoires), deux options : Bio tech' (biotechnologies) et SPCL (sciences physiques et chimiques en laboratoire).

| Les filières recommandées aux bacheliers STL | | |
|---|---|---|
| **Filières d'enseignement supérieur** | **Spécialité en classe terminale** | |
| | ***SPCL***[1] | ***Bio tech***[2] |
| BTS analyses agricoles, biologiques et biotechnologies | – | ++ |
| BTS analyses biologiques | + | ++ |
| BTS bio-analyses et contrôles | + | ++ |
| BTS biophysicien de laboratoire | + | + |
| BTS biotechnologies | + | ++ |
| BTS chimiste | ++ | – |
| BTS hygiène, propreté, environnement | + | ++ |
| BTS métiers de l'eau | – | ++ |
| BTS peinture, encres, adhésifs | + | + |

| Les filières recommandées aux bacheliers STL (suite et fin) | | |
|---|---|---|
| **Filières d'enseignement supérieur** | **Spécialité en classe terminale** | |
| | ***SPCL*[1]** | ***Bio tech*[2]** |
| BTS plasturgie | + | + |
| BTS qualité dans les industries alimentaires et les bio-industries | + | ++ |
| BTS techniques physiques pour l'industrie et le laboratoire | ++ | – |
| BTS viticulture-œnologie | – | + |
| DUT chimie | + | + |
| DUT génie biologique | – | + |
| DUT génie chimique-génie des procédés | + | – |
| DUT qualité, logistique industrielle et organisation | + | – |
| DUT mesures physiques | + | – |
| Écoles paramédicales (IFSI)[3], écoles de formation de techniciens d'analyse… | + | ++ |
| Prépas maths sup TSI[4] | ++ | – |
| Prépas maths sup TPC[5] | ++ | – |
| Prépas maths sup TB[6] | – | ++ |
| Licence sciences de la vie (ou sciences biologiques) | – | + |
| Licence sciences et structure de la matière | + | – |
| Autres licences | – | – |

1. SPCL : Sciences physiques et chimiques en laboratoire.
2. Bio tech' : Biotechnologies.
3. IFSI : Instituts de formation en soins infirmiers.
4. TSI : Technologie et sciences industrielles.
5. TPC : Technologie, physique, chimie.
6. TB : Technologie et biologie.

**Pour les élèves de terminale hôtellerie-restauration.** Le bac hôtellerie-restauration ne concerne qu'un peu moins de 3000 élèves chaque année. Classé dans le groupe des baccalauréats spécifiques, il est à la fois technologique et professionnel. C'est pourquoi si les heureux lauréats sont majoritaires à vouloir prolonger leurs études, ils sont proportionnellement très nombreux à opter pour le marché de l'emploi. Ils y sont incités par une situation de forte pénurie de personnels qualifiés dans ce secteur d'activité, et donc par une grande facilité à trouver un emploi.

| Les filières recommandées aux bacheliers hôtellerie-restauration | |
|---|---|
| BTS hôtellerie-restauration | +++ |
| Écoles spécialisées d'hôtellerie et/ou restauration | +++ |
| Grandes écoles d'hôtellerie et/ou restauration à recrutement niveau bac | ++ |
| Écoles spécialisées de commerce-gestion | ++ |
| Écoles spécialisées de tourisme | + |
| Grandes écoles de commerce-gestion à recrutement niveau bac | + |

**Pour les élèves de terminale STAV (sciences et technologies de l'agronomie et du vivant).** Les lycées agricoles proposent un baccalauréat général (S spécialité sciences agronomiques) dont nous avons présenté les filières d'enseignement supérieur recommandées dans le tableau consacré aux bacheliers S. On y propose, en outre, un baccalauréat de sciences et technologies de l'agronomie et du vivant qui concerne chaque année près de 7 000 élèves. Nous vous présentons les débouchés les plus particulièrement recommandés.

| Les filières recommandées aux bacheliers STAV | |
|---|---|
| BTS technico-commercial (produits agricoles) | +++ |
| BTS aménagement paysager | +++ |
| BTS analyses agricoles, biologiques et biotechnologiques | ++ |

| Les filières recommandées aux bacheliers STAV | |
|---|---|
| BTS analyse et conduite de systèmes d'exploitation | ++ |
| BTS génie des équipements agricoles | ++ |
| BTS gestion et maîtrise de l'eau | ++ |
| BTS gestion et protection de la nature | +++ |
| BTS gestion forestière | ++ |
| BTS industries agroalimentaires | +++ |
| BTS productions animales | ++ |
| BTS productions aquacoles | ++ |
| BTS productions horticoles | ++ |
| BTS services en espace rural | + |
| BTS technologies végétales | +++ |
| BTS viticulture-œnologie | ++ |
| DEUST fôret méditerranéenne et développement rural intégré (Aix-Marseille 3) | ++ |
| DEUST technicien de la mer et du littoral | + |
| DUT génie biologique | + |
| Les grandes écoles d'ingénieurs en agriculture à recrutement niveau bac[1] | ++ |
| Prépa maths sup TB[2] | ++ |
| Toutes licences universitaires | – |

1. Notamment le concours commun aux cinq écoles de la Fédération des écoles d'ingénieurs en agriculture (ESA Angers, ESAP Purpan, ISA Lille, ISAB Beauvais et ISARA Lyon). Autres grandes écoles d'ingénieurs en agriculture : Agrocampus Rennes, ENIHP Angers, ENSP Blois, ESITPA Val-de-Reuil.

2. Pour les grandes écoles d'ingénieurs agronomie.

**Pour les élèves de terminale professionnelle.** Les baccalauréats professionnels sont conçus pour préparer à une insertion professionnelle immédiate. Normalement, la question de la poursuite d'études ne devrait donc pas se poser. On note toutefois que, d'année en année, la part de bacheliers professionnels qui expriment le souhait de passer dans une filière d'enseignement supérieur augmente : alors qu'ils n'étaient que 10 % à faire ce choix en 1990, ils furent plus d'un quart (28,5 %) à exprimer une telle préférence en 2012, et tout donne à penser que ce pourcentage va continuer d'augmenter.

Disons-le tout net : ce choix est loin d'être évident. Force est de constater qu'à l'entrée des filières sélectives, on a fortement tendance à leur préférer les bacheliers généraux et technologiques, considérés comme étant mieux armés pour y réussir. C'est également vrai pour les formations professionnelles courtes (les STS, IUT, écoles spécialisées) qui devraient *a priori* leur convenir, et dont on les écarte très souvent. Ce rejet, heureusement non systématique, a une conséquence absurde : celle de refouler les bacheliers professionnels fortement décidés à s'engager dans les études supérieures vers les seules filières non sélectives à l'entrée : les premiers cycles licence. Or, d'après les statistiques du ministère de l'Éducation nationale, en 2011-2012, 5 % seulement des bacheliers professionnels entrés en première année d'université ont atteint la troisième année en deux ans pile, et 12 % en deux à… cinq ans (donc avec un, deux ou trois redoublements), alors que près de 50 % d'entre eux parviennent à décrocher un BTS, par exemple.

**Les filières recommandées aux bacheliers professionnels**

| **Filières d'enseignement supérieurs** | **Bacs pros**<br>**Industriels** | **Services** | **Agricoles** |
|---|---|---|---|
| **BTS industriels** | + | – | – |
| **BTS tertiaires** | – | + | – |
| **BTS agricoles** | – | – | + |
| **Tous DUT** | – | – | – |
| **Toutes licences universitaires** | – | – | – |

Pour amortir partiellement cette anomalie, il a été décidé en 2005 que tout bachelier professionnel ayant réussi l'examen avec mention bien ou très bien a désormais droit à une place en STS. Toutefois, le BTS demandé doit être du même secteur professionnel que le bac pro obtenu : BTS négociations et relations clients pour un bachelier professionnel vente et représentation marchande, par exemple. Cependant, cette mesure ne concerne pas les autres filières d'enseignement supérieur.

Les filières préparatoires à un baccalauréat professionnel sont nombreuses : on en compte plus de 70. Dans le cadre de cet ouvrage, il est impossible de vous présenter en détail les filières d'enseignement supérieur recommandées pour chacune de ces formations. Nous avons donc choisi de vous en faire une présentation par regroupement en trois grandes catégories de bacs pros : industriels, services, agricoles.

**→ Pour aller plus loin :**
- *Que faire avec un bac ES ?*
- *Que faire avec un bac L ?*
- *Que faire avec un bac S ?*
- *Que faire avec un bac technologique ?*

aux éditions l'Etudiant.

PARTIE 4

# Préparez votre orientation

Trop nombreux sont les élèves qui passent chaque année à côté de leur destin faute d'avoir pris conseil, au bon moment, auprès des bonnes personnes. Pour ne pas en faire partie, vous devez d'abord avoir bien en tête le calendrier de l'orientation et ce, dès votre entrée en terminale. Quoi de plus absurde en effet que de découvrir à un moment de l'année scolaire la filière de vos rêves... que vous ne pourrez pas intégrer parce que la date limite d'inscription est dépassée ?

Sachez aussi que pour élaborer votre projet d'orientation, vous n'êtes pas seul, loin s'en faut. Vous disposez de nombreuses personnes ressources (conseillers d'orientation, professeurs principaux, autres enseignants, documentalistes...) et de centaines de centres ressources (centre de documentation de votre établissement, CIO, SUIO, CIJ et autres SIF, centres privés de conseil en orientation, etc.), sans oublier les salons de l'orientation, les ouvrages que vous pouvez trouver chez divers éditeurs et de nombreux sites et logiciels spécialisés.

## Sommaire

# Le calendrier de l'orientation

Vous êtes en terminale, ou vous vous préparez à y entrer? Pour vous, la dernière ligne droite de vos années lycée se profile, avec en ligne de mire deux objectifs que vous devez vous efforcer d'atteindre au mieux : le baccalauréat, bien sûr, mais aussi votre orientation vers l'enseignement supérieur.

Concernant ce deuxième objectif, vous devez bien avoir à l'esprit le calendrier des opérations. C'est évidemment nécessaire pour ne pas rater certaines dates limites d'inscription, mais ça l'est aussi pour connaître les modalités d'expression de vos diverses candidatures et, si vous frappez à la porte des filières sélectives, les règles du jeu de la sélection. Vous devrez également réviser à temps les programmes des concours, si vous avez choisi d'en passer. Un autre problème à ne pas négliger concerne les documents que vous devrez fournir le moment venu : si vous avez déménagé, avez-vous à portée de main les bulletins scolaires de classe de première, voire de seconde, qu'on pourrait vous demander?

Ajoutez à cela que le calendrier de l'orientation d'un élève de terminale est parsemé de réunions et de moments-clés qu'il ne faudra surtout pas rater : la réunion de rentrée des parents d'élèves de votre classe, les rendez-vous qu'il faudra prendre avec votre professeur principal ou un conseiller d'orientation, les divers conseils de classe, le calendrier des journées portes ouvertes organisées dans votre académie, le ou les salons de l'orientation auxquels vous pourriez vous rendre, etc.

## SEPTEMBRE

**La réunion des parents d'élèves** de votre classe de terminale est généralement organisée durant les deux semaines de rentrée. Il ne faut surtout pas la rater! Ce sera l'occasion de rencontrer tout ou partie de l'équipe des professeurs, en particulier un personnage-clé en matière d'orientation : le professeur principal (dont nous vous décrivons le rôle dans le chapitre suivant). Ce sera pour vos parents l'occasion de se présenter à lui, de noter ses coordonnées et, pour vous et eux, si vous en éprouvez le besoin, de poser vos premières questions… Dans les lycées qui comptent un conseiller d'orientation-psychologue, il arrivera qu'il soit présent et vous donne à cette occasion divers renseignements précieux : les lieux où l'on peut le rencontrer, comment prendre rendez-vous, dans quel CIO (centre d'information et d'orientation) il est possible d'aller se renseigner, etc.

Commencez à réfléchir à un calendrier de révision si vous êtes décidé à vous présenter à un concours. Vous êtes chaque année des milliers à frapper à la porte d'établissements d'enseignement supérieur qui n'admettent que des candidats ayant réussi à sauter l'obstacle d'un concours de recrutement. Selon les établissements demandés (pour la plupart, il s'agit de grandes écoles et d'écoles spécialisées à recrutement niveau baccalauréat), ces épreuves se déroulent selon un calendrier qui peut être précoce : dès janvier-février dans certains cas ! Compte tenu du niveau de la sélection à l'entrée de nombre d'établissements, vos chances de réussite seront d'autant plus grandes que vous anticiperez cette contrainte longtemps à l'avance.

Si vous êtes candidat à ce type de concours, contactez les établissements visés afin de vous procurer les modalités de la sélection, les programmes des épreuves à préparer, etc. Vous irez ensuite vers ceux de vos professeurs qui sont concernés par les disciplines au programme de ces épreuves, leur demanderez des conseils, leur aide éventuelle… Vous devrez sans doute vous procurer certains ouvrages, en plus de ceux déjà acquis pour votre année de terminale. Tout cela peut prendre du temps et donc, le plus tôt sera le mieux !

Une fois que vos décisions en la matière seront prises (que ce soit en septembre ou plus tard dans l'année scolaire), il vous faudra organiser dans votre agenda les plages de temps durant lesquelles vous ferez ce travail de préparation du ou des concours (certains en présentent plusieurs) qui vous concernent. Il est bien plus facile de le faire en début d'année scolaire, lorsque vous organisez l'ensemble de vos activités, que plus tard, quand diverses activités scolaires ou externes (sport, musique...) auront déjà été programmées, car vous rencontrerez alors plus de difficultés pour dégager le temps dont vous aurez besoin. Bien entendu, le problème se posera plus ou moins lourdement selon que le programme à travailler pour votre (ou vos) concours est proche ou éloigné de celui de votre classe de terminale.

## OCTOBRE

**Rencontrez un conseiller d'orientation,** tout particulièrement si vous êtes dans l'indécision. Sachez qu'ils ne sont que 4 000 dans tout le pays, pour une population de plusieurs millions d'élèves, parmi lesquels ceux de terminale. Chaque année, c'est la même chose : le nombre de demandes de rendez-vous qui pèse sur eux va en augmentant au fur et à mesure que l'année scolaire avance. Si vous attendez janvier ou février pour prendre rendez-vous, vous risquez fort d'avoir beaucoup de mal à l'obtenir et, surtout, vous ne disposerez pas d'un temps suffisant pour un travail en profondeur. C'est pourquoi nous vous invitons à le faire au cours du premier trimestre, octobre nous semblant être un bon mois, non seulement parce que les conseillers d'orientation sont plus disponibles à cette époque de l'année, mais aussi par rapport au calendrier de l'orientation. Disons, pour donner du large, que la période allant d'octobre à décembre est la meilleure. Vous pouvez aussi prendre rendez-vous dès septembre mais, avant d'aller voir le conseiller d'orientation, il est bon que quelques semaines de cours se soient déroulées pour que vous commenciez à avoir une idée de votre niveau dans les diverses matières de votre classe de terminale, et que vous ayez commencé à réfléchir à votre projet d'orientation.

Rappelons qu'il n'existe pas de conseiller d'orientation rattaché à un lycée privé sous contrat. Les élèves et parents des établissements privés (sous ou hors contrat) ne pourront les rencontrer qu'au sein d'un CIO (centre d'information et d'orientation – il en existe 520 dans tout le pays), où ils reçoivent gratuitement sur rendez-vous, ou dans le cadre d'un salon de l'orientation. Toutefois, certains établissements privés se sont dotés de la compétence d'un conseiller d'orientation, et ont même parfois mis en place un véritable service interne d'orientation. Vous trouverez des informations utiles sur les CIO et les SCUIO (services communs universitaires d'information et d'orientation – leurs équivalents dans l'enseignement supérieur) dans le chapitre suivant.

## NOVEMBRE

**Le Salon de l'éducation** vous ouvre ses portes à Paris, généralement, dans la deuxième quinzaine de novembre. C'est, de loin, le plus grand salon de ce type en France. Vous y trouverez des conseillers d'orientation, mais aussi des représentants de centaines de professions (le « Village des métiers ») qui vous parleront de leurs métiers, des études qu'ils ont dû faire pour y parvenir... Surtout, vous y aurez la présence de presque tous les établissements d'enseignement supérieur d'Île-de-France et celle d'un grand nombre d'établissements établis en province et à l'étranger : universités, classes préparatoires, grandes écoles, IUT, STS, écoles spécialisées... C'est le plus grand rendez-vous de ce genre. Il est incontournable : vous n'aurez pas beaucoup d'occasions de trouver ainsi réunis en un seul lieu, et à une aussi bonne date par rapport au calendrier des inscriptions dans l'enseignement supérieur, autant d'établissements de ce type qui se présentent et où l'on répondra à toutes vos interrogations, autant de professionnels susceptibles de vous aider à mûrir l'aspect professionnel de votre projet, autant de conseillers d'orientation...

Dans ce salon, on vous propose en outre un vaste programme de conférences gratuites (une bonne dizaine par jour), portant aussi bien sur les études supérieures (« Que faire après un bac S ? », « Bien choisir sa classe préparatoire », « Faire des études de médecine », « Bien choisir son BTS ou DUT », « Se former par l'alternance », etc.), que sur les métiers (« Devenir assistante sociale », « Les métiers de l'enseignement », « Profession : avocat », « Devenir ingénieur en aéronautique », « Travailler dans l'humanitaire », etc.). Pour en savoir plus (et télécharger une invitation gratuite), rendez-vous sur letudiant.fr à partir de la mi-octobre.

**Des salons dans toute la France.** En province, vous bénéficiez également de salons de ce type. Ils se déroulent tout au long de la période qui va de novembre à mars, dans la plupart des grandes villes universitaires du pays, et même dans des villes moyennes. Renseignez-vous : il serait étonnant qu'aucun n'ait lieu dans votre région. Pour tout connaître sur ceux qui sont organisés par l'Etudiant (une quarantaine en 2013-2014) : letudiant.fr, rubrique « Salons de l'Etudiant ».

**Si vous êtes candidat à l'admission dans une filière universitaire sélective** (Paris-Dauphine, universités de technologie, certaines bi-licences, etc.), il est temps de vous renseigner. Pour cela, le mieux est de vous adresser directement au secrétariat des inscriptions de ces établissements.

## DÉCEMBRE

**Le premier conseil de classe** se tient généralement en décembre (parfois fin novembre). C'est un moment très important en matière d'orientation car dans de nombreux cas, et compte tenu de la date de dépôt de vos dossiers d'inscription en CPGE, IUT, BTS, écoles..., ce sera le seul bulletin de notes a être pris en compte pour votre année de terminale (il sera joint aux bulletins de première). Rater son premier trimestre de terminale peut donc coûter très cher.

**C'est le moment de rencontrer votre professeur principal** afin d'aborder avec lui votre problème d'orientation. À ce stade de votre scolarité, il aura suffisamment d'éléments constitutifs de votre parcours scolaire global pour vous éclairer : êtes-vous au niveau d'une classe préparatoire et laquelle ? Pouvez-vous vous accrocher à votre premier vœu qui est d'entrer en IUT carrières sociales, par exemple, ou devez-vous envisager de faire une inscription de précaution en université et, dans ce cas, dans quelle filière devrez-vous le faire (sociologie, AES...) ? Si vous n'avez toujours aucune idée de votre futur métier et ne savez pas quel cursus choisir, qu'est-ce que vous pouvez envisager au regard de votre bilan scolaire à ce moment-là ? Etc. Bien entendu, si vous ne l'avez pas fait en octobre ou novembre, il est grand temps de demander un rendez-vous à un conseiller d'orientation-psychologue.

**Ouverture des registres d'inscription (parfois dès novembre) dans les écoles du secteur social et paramédical et dans certaines écoles d'art et d'architecture.** Les dossiers sont à retirer auprès des écoles (ou à télécharger sur leur site), ou à la préfecture de votre département, auprès de la direction départementale des affaires sanitaires et sociales. Attention : pour certaines de ces écoles, les inscriptions sont closes avant le départ en vacances d'hiver. À ce sujet, vous devez savoir que vous ne disposerez d'aucun recours en cas de dépassement de la date limite, même pour raisons médicales. N'attendez donc pas les derniers jours, ne serait-ce que pour ne pas être victime, comme beaucoup, de l'encombrement des connexions informatiques (les inscriptions se font souvent *via* Internet) qui existent à l'approche des dates limites d'inscription.

**Ouverture (vers la mi-décembre) de la phase d'information concernant la procédure nationale de pré-inscription** sur le site www.admisssion-postbac.fr.

## JANVIER

**Ouverture des inscriptions dans la plupart des écoles à recrutement niveau bac :** écoles d'art, d'architecture, de commerce et de gestion, d'ingénieurs, de communication, etc. Attention, certaines écoles n'ouvrent leurs registres qu'en février. Selon l'établissement, le registre d'inscription est ouvert jusqu'en mars ou avril, rarement au-delà : renseignez-vous bien sur ce point car aucun recours n'est accepté en cas de dépassement de la date limite.

**Ouverture de la phase de saisie des vœux sur le site Internet de pré-inscription en classes préparatoires aux grandes écoles, prépas intégrées, et dans certaines écoles d'ingénieurs à recrutement niveau bac (www.admission-postbac.fr) mais aussi en STS, IUT et université.** Vous disposerez d'environ deux mois pour procéder à ces pré-inscriptions : de mi-janvier à mi-mars; les dates précises vous seront communiquées dans l'établissement que vous fréquentez, ainsi que sur le site signalé. Avant de prendre votre décision, vous devrez faire un important effort de réflexion et de recherche d'informations. Concernant les classes préparatoires aux grandes écoles, vous avez le droit de demander jusqu'à douze classes, à condition qu'il s'agisse de deux fois six classes de types différents. Par exemple, six prépas économiques et commerciales et six prépas sciences po. Attention : certaines classes préparatoires et prépas intégrées ne sont pas concernées par ce site.

**Ouverture des inscriptions dans les classes préparatoires et prépas intégrées non concernées par le site précédemment mentionné.** Il s'agit généralement de classes installées dans des établissements privés hors contrat. Dans ce cas, vous devrez vous procurer le dossier d'inscription directement auprès du ou des établissements convoités (sous version papier, ou par téléchargement et inscription à distance).

**Ouverture des inscriptions pour un grand nombre de sections de techniciens supérieurs (STS) privées (pour celles des établissements publics ou privés sous contrat, c'est *via* admission-postbac.fr – APB).** Certaines STS ne le font qu'à compter de février ou mars. Les dossiers sont à retirer auprès du ou des établissements convoités. Dans certains cas, ils sont téléchargeables. Attention : ces inscriptions devront être accompagnées par une procédure de signalement de vos vœux sur le site www.admission-postbac.fr.

**Début des « Journées portes ouvertes », dans les universités, IUT, lycées, écoles...** Renseignez-vous auprès d'un conseiller d'orientation-psychologue ou dans un CIO ou un SUIO, ou encore auprès de votre professeur principal. Le calendrier fait généralement l'objet d'une campagne d'information (par affichage, imprimé...), information à laquelle vous aurez facilement accès, y compris dans votre établissement. Attention : il existe plusieurs centaines de ces journées portes ouvertes ; elles sont pour la plupart proposées entre début janvier et fin mars. Vous ne pourrez donc pas vous rendre dans un très grand nombre d'entre elles, d'autant qu'elles ont lieu généralement hors temps scolaire (le samedi le plus souvent, le mercredi parfois). Vous devrez donc faire des choix ; ils seront facilités par une réflexion préalable vous permettant de bien cibler vos visites. Si la filière demandée est sélective à l'entrée, le fait de vous être rendu aux journées portes ouvertes sera considéré comme positif en terme de motivation. Cela vous facilitera grandement la nécessaire tâche de rédaction de votre lettre de motivation et/ou de préparation à l'entretien de motivation.

## FÉVRIER

**Début de la campagne « d'orientation active » dans les universités.** Les lycéens signalent leur intention de s'inscrire dans une filière de licence et fournissent un dossier avec les notes et appréciations obtenues durant les classes de première et terminale, et les résultats aux épreuves anticipées du bac. L'université fournit un avis indicatif. Cette procédure, ouverte en 2007, s'est étendue et devient obligatoire en 2009. Elle passe par APB. L'élève conserve le droit d'opter pour la filière universitaire de son choix, sans sélection à l'entrée, même si l'université contactée émet des réserves sur sa capacité à réussir dans la voie envisagée, sauf bien sûr dans le cas des filières universitaires sélectives.

## MARS

**Ouverture des inscriptions pour les concours d'entrée en première année des IEP.** Pour en savoir plus : sciencespo-aix.fr ; sciencespobordeaux.fr ; sciencespo-grenoble.fr ; sciencespo-rennes.fr ; sciencespo-lille.fr ; sciencespo-lyon.fr ; iep-strasbourg.fr ; sciencespo-toulouse.fr ; sciences-po.fr (pour Sciences po Paris). Les épreuves de sélection de ces IEP auront lieu entre mars et juin pour Sciences po Paris et en mai/juin en province.

**Premières épreuves d'examen ou de concours** pour les établissements qui procèdent à une sélection à l'entrée par de telles modalités (la plupart des écoles et quelques universités). Ces épreuves, qui peuvent ne commencer qu'en avril ou mai, seront parfois suivies d'oraux qui se dérouleront entre mai et juillet.

**Clôture, vers la mi-mars, de la phase de recensement de la liste des vœux d'orientation post-bac sur le site www.admission-postbac.fr.**

## AVRIL/MAI

**Admission-postbac.fr :** les dés sont définitivement jetés en ce qui concerne la liste de vos vœux, mais vous disposez de deux mois et demi supplémentaires (jusqu'au début juin) pour éventuellement modifier l'ordre de présentation de votre liste. Par ailleurs, consultez régulièrement votre boîte mail car certains établissements auxquels vous prétendez peuvent vous demander de remplir et envoyer un « dossier papier » ou électronique accompagné de certains documents (bulletins scolaires, appréciations de certains enseignants,

| Conseil | Ne confondez pas pré-inscriptions et inscriptions! |
| --- | --- |

Par le site www.admission-postbac.fr, on ne vise qu'à recenser vos vœux d'orientation par ordre de préférence. Vous devez en plus procéder à vos inscriptions auprès du ou des établissements demandés – ainsi qu'auprès de ceux qui ne sont pas pris en compte par le site en province –, conformément au calendrier et à la procédure propres à chaque établissement. Si vous omettez de le faire, vous risquez de vous retrouver en situation très difficile à la rentrée qui suit votre réussite au bac. Chaque année, vous êtes plusieurs milliers à commettre cette erreur difficilement rattrapable (voir l'encadré page 184).

règlement de frais de candidature...). N'oubliez surtout pas de le faire car sinon, vous serez automatiquement éliminé de la liste des candidats.

**De nombreux concours d'entrée dans des écoles à recrutement niveau bac commencent durant cette période.** Selon les écoles, ils s'étalent jusqu'à la première quinzaine de juillet.

**Il est temps de commencer (si vous ne l'avez pas déjà fait) à réviser pour le bac.** Les deux mois qui vous séparent des épreuves vont passer très vite. Ne perdez jamais de vue que, quelles que soient vos candidatures pour l'après-bac, vous ne pourrez intégrer le cursus choisi que si vous obtenez le bac.

## JUIN

**Admission-postbac.fr :** arrivée progressive des réponses à vos candidatures. Elles se font en trois phases successives, du début juin jusque vers la mi-juillet. Attention : lorsqu'une réponse favorable vous parvient, vous devez répondre avant une date limite qui vous est signalée. Si vous omettez de le faire, vous êtes automatiquement rayé de la liste des candidats. Bon à savoir : 85 % des affectations ont lieu dans le cadre de la première phase d'admission. N'oubliez surtout pas de procéder à vos formalités d'inscription, ainsi qu'il est indiqué, auprès de l'établissement qui vous a répondu favorablement et auquel vous avez dit « oui ».

**Phase complémentaire sur APB :** pour les candidats n'ayant reçu aucune réponse favorable à leurs candidatures, ou qui ont omis de se connecter, il est proposé de postuler, mais uniquement pour les filières disposant de places vacantes après les deux premières phases d'amission. Cette possibilité commence à la fin de la deuxième phase d'affectation (vers la fin juin), et va jusqu'à la rentrée de septembre.

**Pour les établissements supérieurs non concernés par la procédure APB :** arrivée progressive des réponses à vos candidatures.

**Les épreuves du bac commencent.** Réussissez-le car sinon, toutes ces formalités n'auront servi à rien.

## JUILLET

**Admission-postbac.fr :** dernière phase d'admission vers la mi juillet ; continuation de la phase complémentaire.

**Pour les établissements hors APB :** votre bac en poche, il est peut être encore temps de frapper à la porte de filières qui disposeraient de places vacantes.

**L'Etudiant** consacre début juillet à Paris un salon spécial pour les lycéens qui n'ont pas encore trouvé place dans l'enseignement supérieur : www.letudiant.fr (rubrique « salons »).

**Inscriptions :** ne partez surtout pas en vacances en oubliant de procéder aux confirmations et inscriptions nécessaires auprès de l'établissement dans lequel vous allez faire votre rentrée en septembre ou octobre.

## SEPTEMBRE

**Les inscriptions pédagogiques.** Vous avez normalement procédé à vos inscriptions administratives avant de partir en vacances. Vous avez à cette occasion reçu toutes les indications utiles pour procéder en septembre à vos inscriptions pédagogiques, à moins bien sûr que vous n'intégriez un

| À savoir | Opération « dernière chance » |
|---|---|

Vous êtes chaque année quelques milliers à vous retrouver en grande difficulté à l'approche de la rentrée, n'étant inscrits nulle part. C'est le cas, par exemple, de ceux qui sont passés à côté de la procédure obligatoire de pré-inscription ou qui ont oublié de procéder aux inscriptions administratives.

**Si vous visez une filière très sélective, ne rêvez pas :** le plein est fait et vous n'aurez aucune chance de rattraper votre bévue. Seule possibilité : vous rabattre sur des établissements n'ayant pas fait le plein (c'est-à-dire de second choix). Il est effet encore possible de trouver en septembre des places dans certaines STS, CPGE ou écoles (surtout privées hors contrat). Ce qui rend l'exercice difficile, c'est que vous devez démarcher vous-même ces établissements.

**Du côté des universités,** les choses sont un peu plus simples : vous avez droit à une place en université mais pas forcément dans celle de votre choix. Si vous demandez une autorisation d'inscription hors délai dans une université qui a des places vacantes – c'est souvent le cas dans certaines disciplines scientifiques, par exemple –, vous ne rencontrerez guère de difficulté. En revanche, pour les universités ayant fait le plein (droit, STAPS, AES, psychologie...), on pourra vous opposer un refus et vous affecter d'office dans la même filière, mais dans une autre université, voire dans une filière non demandée. C'est ce qui est arrivé à Pierre, bachelier ES : il avait demandé droit à Paris-Assas et n'a pu s'inscrire qu'en histoire à Paris-Saint Denis!

établissement où vous avez pu faire les deux dès juillet. Dans la plupart des universités, c'est en septembre qu'il faut aller exprimer ses choix d'enseignements optionnels, s'inscrire dans les groupes de TP ou TD, demander à bénéficier d'un tutorat ou d'un enseignement de remise à niveau, etc. Là encore, nous ne pouvons que vous recommander de ne pas rater ce rendez-vous, sinon il ne faudra pas vous plaindre si vous devez renoncer à une option, faute de place, ou venir en TP le samedi matin de 7 heures à 9 heures, parce que c'est le seul groupe dans lequel il reste une place vacante. Dernier arrivé, dernier servi ! Et là, inutile de préciser que vous ne pourrez pas y envoyer quelqu'un d'autre pour le faire à votre place.

**Le Salon de la rentrée, organisé début septembre à Lille et à Paris par l'Etudiant,** est une sorte de « dernière chance » si on n'a pas encore trouvé sa place dans l'enseigment supérieur, www.letudiant.fr (rubrique salons).

• **Pour en savoir plus :** *APB pour les nuls,* collection « Pour les nuls », éditions First.

# Les personnes, les centres et les lieux ressources

Rien ne vous interdit de vous lancer seul (ou en famille) dans le nécessaire travail d'élaboration de votre projet d'orientation vers les études supérieures, sans recourir à l'aide des nombreux professionnels de l'orientation qui vous entourent. Certains y parviennent, portés par une bonne connaissance de soi, une idée relativement claire et stabilisée de ce qu'ils souhaitent devenir plus tard sur le plan professionnel, une bonne information concernant l'appareil d'enseignement supérieur…

C'est le cas de Pierre, élève de terminale ES au lycée Jean-de-La Fontaine, à Paris, fermement accroché à l'idée de devenir professeur d'histoire-géographie, sa matière de prédilection. Assez bon élève, mais sans plus (12/20 de moyenne), il sait qu'il est inutile de demander à entrer en classe préparatoire aux écoles normales supérieures. Il a donc logiquement décidé de s'inscrire à l'université où un parcours bien balisé s'offre à lui : licence d'histoire-géo, puis master métiers de l'enseignement et CAPES d'histoire-géo, éventuellement, agrégation d'histoire, voire carrière d'enseignant-chercheur à l'université. Pour Pierre, comme pour certains autres, le choix est relativement simple et ne nécessite qu'une chose : la réussite dans le parcours d'études supérieures qu'il se prépare à entamer.

Mais les cas de ce genre sont relativement rares. Pour la plupart des élèves de terminale, ce qui domine c'est l'indécision en matière d'orientation, du moins durant les premiers mois de l'année scolaire. Ne sachant quelles études supérieures choisir, et devant nécessairement le faire (sauf dans le cas où le lycéen opte pour la recherche d'un premier emploi immédiatement après le baccalauréat), ils sont placés devant un problème complexe qu'ils doivent rapidement résoudre. Si vous êtes dans ce cas, ne vous privez surtout pas des services des très nombreuses personnes ressources et des multiples centres et lieux ressources qui sont mis à votre disposition gratuitement, le plus souvent, moyennant paiement, dans certains cas. Nous vous les présentons.

## LES PERSONNES RESSOURCES

Vous pouvez bien sûr consulter vos proches, mais nous savons par expérience que le cercle restreint est, dans ce domaine, très insuffisant. Ne serait-ce que parce que, sauf exception, il ne comporte aucun professionnel de l'orientation. Or, l'orientation est un vrai métier et vous devez aller à la rencontre de ces professionnels. De plus, comme beaucoup d'entre vous le savent pour l'avoir expérimenté de façon parfois douloureuse, l'orientation est un sujet qui, en famille, peut rapidement dériver vers des échanges difficiles, voire passionnels. Les discussions du genre « papa je veux devenir professeur des écoles/non mon fils je te vois médecin », ou encore « si tu avais mieux travaillé, tu n'en serais pas là », sont de grands classiques qui renvoient à des situations que beaucoup d'entre vous ont déjà vécues ou vivront. Raison de plus pour aborder ce délicat sujet avec sérénité, avec l'aide de professionnels qui ne le feront pas en termes moraux ou passionnels, mais en tant que spécialistes rigoureux, non troublés par un trop-plein d'affectivité.

**Les conseillers d'orientation-psychologues.** Plus de 4000 conseillers d'orientation exercent en France, pour la plupart au service des usagers des établissements d'enseignement secondaire. Ils dispensent le plus souvent leurs services dans le cadre d'un établissement d'enseignement public ou dans un CIO (centre d'information et d'orientation). Les élèves et parents d'élèves des établissements publics peuvent les rencontrer dans l'un ou l'autre de ces lieux. Ceux des établissements privés ne pourront en principe le faire que dans le cadre d'un CIO, sauf s'ils sont scolarisés dans un lycée qui a pris la bonne initiative de mettre en place en son sein un service de ce type, avec présence d'un ou plusieurs conseillers. Autres lieux où vous pourrez rencontrer un conseiller d'orientation : les salons de l'orientation. Il s'en déroule un peu partout en France, tout au long de l'année.

Vous pouvez retrouver la liste de ces salons et leurs dates sur le site www.letudiant.fr, rubrique « Salons ».

| À savoir | **Préparer un entretien avec un conseiller d'orientation** |
| --- | --- |

Pour être utile, un entretien avec un conseiller d'orientation-psychologue gagnera à être préparé à l'avance. N'oubliez pas d'y apporter vos bulletins de notes de seconde et première, ainsi que les résultats aux épreuves anticipées du bac.

**Recensez et notez tout ce qui peut être éclairant pour le conseiller d'orientation** (et pour vous), avant de vous rendre à l'entretien : vos goûts, vos loisirs, les situations sociales et psychologiques qui vous conviennent ou ne vous conviennent pas... Bref, commencez une sorte de « travail sur vous », ainsi que décrit dans la première partie de cet ouvrage. Si vous avez subi un test d'orientation, évoquez-le, et présentez-en les résultats. Il n'existe évidemment pas d'entretien standard avec un conseiller d'orientation : chaque élève est un cas unique. Raison de plus pour recenser à l'avance les questions que vous allez lui poser, sachant que l'échange ne se limitera évidemment pas à cela.

**Lisez le guide aux éditions l'Etudiant** qui correspond aux débouchés de votre classe de terminale *(Réussir ses études avec un bac ES* ou *technologique)*. Cela vous permettra d'avoir en tête un panorama complet de tous les débouchés envisageables après votre bac, et donc de mieux aborder votre entretien avec le conseiller d'orientation. Bien entendu, quand nous parlons de préparation, c'est en famille de préférence que nous l'entendons. Sachez d'ailleurs que rien n'interdit que l'entretien avec le conseiller d'orientation se passe en présence du ou des parents de l'élève concerné. À vous de voir.

Obligatoirement passés par une licence de psychologie avant d'avoir reçu une formation complémentaire de deux ans, ces professionnels maîtrisent les divers aspects complémentaires du projet d'orientation de l'élève, que nous avons vus dans les trois premières parties de ce livre.

À savoir : une capacité à aborder la dimension personnelle du projet (bilan personnel, bilan scolaire en liaison avec le professeur principal), une aide à la recherche du projet professionnel de l'élève et, bien sûr, une aide à la recherche de son projet d'orientation scolaire.

Ce sont aussi les principaux acteurs de ce qu'il est convenu d'appeler l'« éducation à l'orientation ». Ils s'y attèlent en tenant des permanences dans les lycées publics et les CIO où ils donnent des conférences, en suivant le fonds « orientation » du CDI (centre de documentation et d'information) du lycée et du CIO, en diffusant les informations qu'ils reçoivent, aussi bien en provenance du ministère de l'Éducation nationale que des établissements d'enseignement supérieur, etc. Voilà pourquoi ils sont à nos yeux incontournables.

Enfin pour votre information, sachez que dans les lycées publics, ils participent de droit aux divers conseils de classe et peuvent donc éventuellement éclairer les enseignants sur votre projet d'orientation, après vous avoir reçu.

**Le professeur principal.** Dans chaque lycée public ou privé sous contrat, un enseignant est obligatoirement désigné pour remplir une mission de « professeur principal ». Il reçoit pour cela une indemnité spéciale. Le professeur principal est le représentant auprès des élèves et de leurs parents de l'ensemble des professeurs de la classe. C'est en particulier lui qui, à l'approche des conseils de classe, fait un point synthétique sur chaque élève, après avoir consulté ses collègues des autres disciplines. Il est également chargé de restituer aux élèves et parents qui le demandent le bilan global qui est fait dans ce cadre. Voilà pourquoi on dit parfois qu'il est « l'ambassadeur du conseil de classe » auprès des familles.

Le professeur principal est l'interface entre l'élève et ses parents, l'équipe des enseignants de la classe, le chef d'établissement, le conseiller d'orientation-psychologue rattaché à l'établissement, les responsables de filières d'enseignement supérieur susceptibles d'intéresser l'élève, etc. Il joue donc un rôle-clé en matière d'orientation. C'est pourquoi nous vous conseillons de ne pas hésiter à lui demander un ou plusieurs rendez-vous, notamment au cours du premier trimestre de l'année scolaire (entre novembre et décembre), puisque c'est peu après que commencera la campagne de recensement de vos vœux et de vos inscriptions en vue de vos études supérieures.

Ajoutons que le professeur principal joue un rôle extrêmement important concernant l'avis du conseil de classe sur vos candidatures. C'est lui, en effet, qui mentionne et propose au chef d'établissement l'appréciation générale

| À savoir | Les devoirs du professeur principal |
|---|---|

Un professeur principal ne peut refuser de recevoir un élève et/ou ses parents. C'est pour lui une obligation de service, pour laquelle d'ailleurs il reçoit une indemnité venant s'ajouter à son salaire de professeur. Cependant, vous devez le solliciter à bon escient. Lui demander de fréquents rendez-vous ne sert pas à grand-chose. En outre, sa charge de travail est importante : n'oubliez pas qu'il enseigne dans plusieurs classes de 30 à 35 élèves. Choisissez de le rencontrer à quelques moments-clés de l'année scolaire : après un conseil de classe, en cas de grosse inquiétude... Le voir trois fois dans l'année semble un maximum, sauf cas particulier, bien sûr.

vous concernant et concernant vos choix. Est-il besoin de rappeler que cette appréciation est regardée de très près par les jurys qui sélectionnent leurs étudiants sur dossier ?

**Le professeur documentaliste.** Son royaume est le CDI (centre de documentation et d'information) de l'établissement scolaire. En liaison avec le conseiller d'orientation et le professeur principal, il gère et met à disposition des élèves (et par leur intermédiaire, des parents), le fonds documentaire en matière d'orientation : livres, revues, dossiers spécialisés, DVD, CD-Rom, logiciels spécialisés, etc.

Sachez en outre qu'il entre pleinement dans ses fonctions de participer à la formation des élèves aux méthodes de travail et de recherche sur documents, de les initier à l'utilisation des techniques modernes de communication... toutes choses fort utiles quand on veut élaborer efficacement son projet d'orientation.

La présence d'un CDI est obligatoire dans les établissements publics et privés sous contrat. Bien que ce soit pour eux facultatif, la plupart des établissements privés hors contrat vous proposent un tel lieu ressource.

**Les autres professeurs.** Sans jouer un rôle aussi pointu que le professeur principal en matière d'orientation, chaque enseignant est à même de vous conseiller. C'est tout particulièrement le cas lorsque le projet d'orientation envisagé concerne fortement la discipline qu'il enseigne : par exemple, si vous envisagez de vous inscrire en premier cycle de licence de sciences et structure de la matière, le professeur de physique-chimie. En particulier, si vous devez vous soumettre à des épreuves de sélection pour un concours d'entrée ou autre, n'hésitez pas à leur montrer le programme de celles qui les concernent et demandez-leur de vous conseiller les ouvrages sur lesquels vous pourriez travailler afin de bien réviser pour les réussir. Quant à ceux qui devront rédiger une lettre de motivation, pourquoi ne demanderaient-ils pas conseil à leur professeur de français de classe de première ?

## LES CENTRES ET LES LIEUX RESSOURCES

Un très grand nombre d'organismes sont susceptibles de vous aider en matière d'orientation. Il s'agit d'établissement publics d'État, publics rattachés à une collectivité territoriale (commune, département, région), émanant d'une association de parents d'élèves, d'une fédération professionnelle, d'un organe de presse, ou fruit d'une initiative privée... Leur nombre est tel qu'il est impossible de vous en faire un recensement exhaustif. Nous vous présentons ci-après les principaux d'entre eux.

**Les CIO (centres d'information et d'orientation).** C'est, de loin, le réseau spécialisé le plus important sur les questions d'orientation : plus de 500 centres, bien répartis sur tout le territoire national (y compris outre-mer). Rattachés au ministère de l'Éducation nationale, les CIO offrent des services gratuits, y compris si vous êtes scolarisé en établissement privé sous et hors contrat d'association avec l'État. En effet, contrairement à une légende persistante, le fait d'être élève du privé ne vous écarte pas *a priori* de ces lieux, qui sont réglementairement ouverts à tous. En cas de difficulté, vous pouvez contacter l'inspection de l'orientation au rectorat de votre académie.

Les services que vous pouvez trouver dans les CIO sont de divers ordres. Il s'agit d'abord d'un centre de documentation et d'information spécialisé : vous y trouverez des livres, revues, études, dossiers, logiciels, etc., spécifiquement consacrés au thème de l'orientation scolaire et professionnelle.

Vous pourrez consulter ces documents en libre-service ou en vous faisant aider par le personnel présent lors de votre passage. Notez que vous pourrez vous connecter sur divers sites d'information (établissements d'enseignement supérieur, organisations professionnelles, bases de données du ministère de l'Éducation nationale, etc.). Sur rendez-vous, vous pourrez avoir un entretien avec un conseiller d'orientation-psychologue. Toutes les prestations que nous vous avons présentées dans les pages précédentes pourront être dispensées par ces professionnels dans le cadre d'un CIO.

• Pour trouver l'adresse du CIO le plus proche et rencontrer un conseiller du service public, connectez-vous sur le site de votre académie ou sur les Pages jaunes.

**Les SCUIO (services communs universitaires d'information et d'orientation),** que l'on nomme parfois autrement : SUIO, SIO, BUIO, service d'accueil...) sont des équivalents, en milieu universitaire, des CIO de l'enseignement secondaire. Au nombre de 130 en 2012, on les trouve dans les locaux des universités. C'est une différence par rapport aux CIO qui sont pour la plupart situés « en ville ».

Leurs missions sont plus larges que celles des CIO. Ils organisent les journées portes ouvertes, l'accueil des étudiants et leur proposent une information générale, tant en matière d'orientation que sur les bourses et diverses aides sociales, la recherche de stages, de jobs, d'emplois, etc. Concernant le domaine qui nous intéresse (l'orientation), ils accueillent aussi bien des étudiants engagés dans les études supérieures que des enseignants et élèves en fin de scolarité secondaire, désireux de s'informer sur les filières d'études proposées par l'université dans laquelle ils sont installés.

Vous y croiserez des documentalistes, des enseignants du supérieur, des conseillers d'orientation-psychologues et y trouverez une importante documentation sur les filières proposées par l'université. Intérêt de ces services : on y met fortement l'accent sur les débouchés professionnels à l'issue des études. Comme dans les CIO, il est possible, sur rendez-vous, de rencontrer un de ces intervenants pour un entretien individuel. Enfin, les

| Zoom | Un CIO enseignement supérieur |
| --- | --- |

**Notez l'existence, à Paris, dans les locaux de l'université de la Sorbonne, d'un CIO enseignement supérieur, le seul de son genre en France. Il fonctionne comme tous les CIO, mais est totalement spécialisé sur les parcours d'études supérieures (universitaires ou autres), en France comme à l'étranger (notamment en Europe), et leurs débouchés professionnels.**

**• CIO enseignement supérieur : 47, rue des Écoles, 75230 Paris cedex 05, tél. 01.40.46.23.24.**

fameuses journées portes ouvertes des universités sont généralement organisées par ces services.

**Les CIJ (centres d'information jeunesse).** Le réseau des CIJ (parfois nommés CRIJ et CIDJ, à Paris) est fort de 32 implantations dans les principales villes du pays. Le plus important d'entre eux est situé à Paris (CIDJ, 101, Quai Branly, 75015 Paris, tél. 0825.090.630), www.cidj.com.

Beaucoup plus « généralistes » que les CIO et SCUIO, les CIJ proposent évidemment aux jeunes et à leurs parents de l'information (surtout) et du conseil en matière d'orientation scolaire et professionnelle, mais le font également pour les domaines des loisirs des jeunes, de leur recherche de logement, de jobs, stages, emplois, d'aides sociales, etc. Outre la qualité de l'accueil et des services proposés (l'accès à ces diverses prestations est gratuit), les CIJ se sont rendus célèbres par les fiches sur les formations et les métiers, éditées par le CIDJ. Ces publications sont diffusées dans tout le réseau, ainsi que dans le cadre des salons de l'orientation auxquels ils participent régulièrement.

• Vous trouver les coordonnées du CIJ le plus proche de votre lieu de résidence sur le site du CIDJ (www.cidj.com).

**Le réseau de l'EPE (École des parents et des éducateurs).** L'EPE est un réseau implanté dans 36 villes. Il est rattaché à la Fédération des écoles des parents et des éducateurs, qui est une association loi de 1901, reconnue d'utilité publique, qui vise à « soutenir et accompagner les parents, les professionnels et les jeunes, pour renforcer les alliances éducatives ». Dans ce but, entre autres services, elle offre aux parents d'élèves et aux lycéens divers services gratuits (sauf les bilans d'orientation scolaire et professionnelle qui sont payants), notamment la mise à disposition d'une documentation, de proposition de stages, de jobs, etc. L'orientation scolaire correspond à une part importante de leurs activités et peut aller jusqu'à des consultations individuelles, sur rendez-vous, même si l'essentiel de leur activité dans ce domaine est la mise à disposition d'une information documentaire.

Autre spécialité de l'EPE : le soutien psychologique. Pour cela, il est proposé des consultations psychologiques gratuites (sur place ou par téléphone) ainsi que des bilans psychopédagogiques payants.

• Pour connaître les coordonnées du centre le plus proche de votre domicile, consultez le site Internet de l'EPE (www.ecoledesparents.org).

**Le réseau SIF (Service information familles).** L'APEL (Association des parents d'élèves de l'enseignement libre) propose à ses adhérents un réseau de 40 « services information familles », implantés dans diverses villes du pays. Le but principal de ces services est d'informer les jeunes et leurs parents sur les filières d'études primaires, secondaires et supérieures.

Chaque antenne régionale est dotée d'un service d'accueil et d'information. Il met à disposition du public reçu une documentation, organise des entretiens sur rendez-vous… Il est en outre possible d'obtenir de l'information par contact téléphonique.

• Pour trouver les coordonnées du SIF le plus proche de votre domicile : www.apel. asso.fr.

**Le BIOP (Bureau d'information et d'orientation professionnelle) de la CCI (chambre de commerce et d'industrie de Paris).** Si vous êtes à la recherche d'une formation supérieure professionnalisée ou en quête de votre projet professionnel, le BIOP de la CCI de Paris est une adresse fort intéressante pour vous. Il est possible d'y accéder à une documentation centrée sur les formations « consulaires », c'est-à-dire proposées par les chambres de com-

| Zoom | La Cité des métiers |
|---|---|

Spécifiquement consacrée aux métiers, comme son nom l'indique, la Cité des métiers est un service susceptible de vous apporter une aide sérieuse à l'élaboration de votre projet professionnel. Vous y trouverez des documentalistes et des conseillers fort compétents, ainsi qu'une documentation abondante sur les métiers. En particulier, vous y bénéficierez d'une bonne information sur les formations par l'alternance, ainsi que des études (à consulter sur place) concernant les perspectives d'emploi à court et moyen termes dans les divers secteurs d'activité. À noter : il est également possible de s'y soumettre à un test sur ordinateur.

Les prestations sont gratuites, aussi bien dans le centre parisien, à la Cité des sciences et de l'industrie (30, rue Corentin-Carioux, 75019 Paris, tél. 01.40.05.72.29, www.universcience.fr/fr/cite-des-metiers), que dans les antennes de province (il en existe une vingtaine; liste et adresses sur le site : http://www.reseaucitesdesmetiers.com/reseau-cites-des-metiers/index.php).

merce et d'industrie, celle de Paris en particulier. Mais on peut en outre y bénéficier d'une « permanence téléphonique d'orientation » (au 01.55.65.64.24), d'entretiens individuels (sur rendez-vous), et même d'une sorte d'accompagnement sur le projet d'orientation, étalé sur quelques mois avec plusieurs entretiens et la remise d'un bilan final. Cerise sur le gâteau : ces prestations sont gratuites.

• Pour en savoir plus : BIOP, Bourse de Commerce, 2, rue de Viarmes, 75040 Paris Cedex 01, tél. 01.55.65.60.00, www.biop.ccip.fr.

**Les centres privés de conseil et/ou de *coaching* en orientation.** Depuis quelques années, on assiste en France (et ailleurs) à une floraison d'organismes privés spécialisés dans le conseil et/ou le *coaching* en matière d'orientation. Disons-le tout net : en la matière, le « produit » qui monte est le *coaching* (de l'anglais *to coach*, qui signifie guider). Cette méthode d'accompagnement du projet d'orientation d'un jeune a été élaborée ces dernières années, selon une méthode comparable, bien connue dans le monde du travail. L'idée est qu'il est plus facile et efficace d'accompagner la démarche de recherche d'emploi sur une longue période, plutôt que de le faire par des actions ponctuelles.

Transféré dans le domaine de l'orientation scolaire, cela donne un accompagnement de plus ou moins longue durée, commençant généralement par un bilan général (personnel, scolaire...), puis se poursuivant par une série d'entretiens, la mise à disposition d'une documentation adaptée au projet de l'élève, le signalement de certaines manifestations utiles (salons, journées portes ouvertes...), etc. Objectif : parvenir à élaborer un bon projet d'orientation, bien sûr, mais aussi pouvoir disposer de conseils utiles pour bien se préparer à l'entretien de motivation, bien rédiger sa ou ses lettres de motivation, etc.

Selon les organismes que vous contacterez et les portes auxquelles vous déciderez de frapper, en fonction de vos attentes et de vos moyens (car ces organismes sont pour la plupart privés, et donc payants), vous pourrez disposer de prestations plus ou moins sophistiquées. Attendez-vous à devoir payer entre 150 € et 2 000 € !). Notre conseil : compte tenu de la variété des prestations offertes, des différences de prix, renseignez-vous bien avant de signer votre contrat. À quoi bon payer, si la prestation proposée ne vous apporte rien de plus que celle que vous pouvez obtenir gratuitement auprès d'un conseiller d'orientation-psychologue de l'Éducation nationale ?

**Les centres d'information sur les professions.** Un certain nombre d'administrations (agriculture, éducation nationale, défense, jeunesse et sports, police, santé, etc.), de secteurs et syndicats professionnels (aéronautique, architecture, assurance, automobile, BTP, expertise-comptable, informatique, paramédical, transport, etc.) proposent une adresse où l'on peut les contacter (avec possibilité de consultation sur place, par téléphone ou sur site Internet). Vous pouvez les consulter pour tout connaître sur les métiers qu'ils représentent et les filières d'études par lesquelles on peut passer pour y accéder. Une excellente formule, complémentaire de certaines autres présentées auparavant, pour ceux d'entre vous qui sont à la recherche de leur projet professionnel, ou souhaitent aller plus loin dans leur connaissance des métiers d'un secteur professionnel précis, et des formations qui y conduisent.

La liste est telle (en 2013 on en recense près de 150), qu'il nous est impossible de les présenter tous dans le cadre de cet ouvrage. Pour les découvrir,

| Gros plan | Le service Coaching orientation de l'Etudiant |
|---|---|

Pour aider les élèves et leurs parents à mieux réfléchir à leurs choix en matière d'orientation, l'Etudiant a conçu un outil de suivi personnalisé, bon marché, comprenant quatre types de prestations complémentaires :

1. un test à passer sur Internet ou par courrier, permettant de situer votre profil et de tracer votre projet d'orientation ;
2. un abonnement de six mois au magazine *l'Etudiant* ;
3. trois entretiens individuels, avec un conseiller, avec lequel vous pourrez aborder les questions utiles sur votre profil et votre orientation.
4. l'accès pendant un an à une plate-forme web d'échanges avec des conseillers.

• Pour en savoir plus : www.orientation.letudiant.fr, 01.75.55.41.60.

et disposer de leurs coordonnées, nous vous invitons à vous procurer un autre ouvrage paru dans cette même collection : *Le Grand Livre des métiers.*

**Les salons d'orientation.** Chaque année, plusieurs dizaines de salons d'orientation sont organisés, généralement dans le chef-lieu académique, au niveau du département ou de la ville, voire d'un arrondissement ou d'un établissement scolaire. Les organisateurs sont de plusieurs types : ministère de l'Éducation nationale, rectorats, inspections académiques, Ligue de l'enseignement, ONISEP, CIO, collectivités territoriales (régions, départements, communes), entreprises spécialisées (l'Etudiant...), organismes émanant de l'enseignement catholique privé, etc. Dans un certain nombre de cas, ces salons sont organisés en partenariat réunissant plusieurs d'entre eux.

Les prestations sont évidemment d'une ampleur diverse : de quelques établissements d'enseignement supérieur à une très vaste présentation de plusieurs centaines d'établissements (publics, privés, français et étrangers...), avec parfois un plus ou moins vaste espace métiers, des stands sur lesquels vous trouverez des informations précieuses sur la vie étudiante (aides sociales, logement étudiant, assurances, jobs et stages...). Dans la plupart des cas, vous bénéficierez en outre d'une offre de diverses conférences, de

| Gros Plan | Les salons de l'Etudiant |
|---|---|

Chaque année, l'Etudiant organise, seul ou en partenariat, un grand nombre de salons, dans de nombreuses villes françaises. Il faut distinguer deux catégories de salons de l'Etudiant : les généralistes et les spécialisés.

**Les salons généralistes.** Ils concernent une vaste gamme d'établissements de toutes sortes (universités, grandes écoles, classes préparatoires, IUT, BTS, écoles spécialisées...), de tous statuts (public, privé), français ou étrangers, ainsi que des professions (en entreprises ou administrations). Ils se composent de stands d'information générale sur la vie étudiante (financement des études, logement étudiant, bourses aux jobs et stages...) et proposent un vaste programme de conférences, etc. Ces salons sont les plus nombreux. C'est le cas du plus important des salons de ce genre organisés en France, le Salon de l'éducation, à Paris (qui se tient en novembre), et des salons de l'Etudiant de Bordeaux, Caen, Calais, Cergy-Pontoise, Dunkerque, Grenoble, Laval, Lille, Lyon, Marseille, Montpellier, Nantes, Orléans, Paris, Poitiers, Rennes, Rouen, Saint-Étienne, etc. Ces salons s'étalent entre les mois de novembre et mars.

**Les salons spécialisés.** En outre, l'Etudiant propose chaque année plusieurs salons portant sur des thèmes ou des domaines spécialisés. Là encore, il le fait seul ou en partenariat. Il s'agit de salons consacrés aux formations et carrières artistiques, sociales et paramédicales, aux formations et carrières internationales, à l'apprentissage et à l'alternance, aux grandes écoles, etc. La plupart de ces salons spécialisés se tiennent à Paris.

• Pour en savoir plus : www.letudiant.fr (rubrique « salons »).

la présence de conseillers d'orientation qu'il vous sera possible de consulter sur place, etc. Dans la mesure où vous aurez parfois le choix entre plusieurs salons proposés dans une même ville, nous vous conseillons de choisir en comparant leur offre de prestations sur catalogue ou site Internet.

Autre conseil : préparez votre visite à l'avance. Si vous ne le faites pas, vous risquez de retirer un maigre profit d'une telle démarche. Imaginez-vous entrant dans un salon vous proposant de vous informer sur toutes les filières de votre région, avec en prime des stands sur une cinquantaine de secteurs professionnels, et bien d'autres choses. Vous ne pourrez pas aller à la rencontre de toutes ces sources d'informations. Procurez-vous à l'avance le plan du salon et repérez les stands susceptibles de vous intéreser plus particulièrement (en fonction de votre projet). Allez-y prioritairement, en y consacrant un temps suffisant pour avoir une discussion approfondie avec ceux qui vous y recevront, quitte à laisser de côté la plupart des autres, faute de temps pour tout voir. Regardez par ailleurs le programme des conférences pour choisir utilement votre jour de visite.

**Le blog de l'orientation.** Besoin d'une information, d'un conseil concernant un problème d'orientation scolaire ? L'auteur de ce guide vous propose de le questionner à distance. Des réponses détaillées vous parviendront rapidement. Le service rendu est gratuit. Connectez-vous sur http://conseils-declasse.letudiant.fr.

**Notes personnelles**

**Notes personnelles**

Notes personnelles

## Notes personnelles

## Notes personnelles

23, rue du Châteaudun, 75308 Paris cedex 09
Dépôt légal : janvier 2014
Imprimé en France

Imprimerie EMD S.A.S. : n° d'impression 28896

ISBN 978-2-8176-0316-2
ISSN 1262-327X
Série Études : ISSN 1271-8548